JN015448

企業防災と マネジメント システム

緊急時、従業員とともに 生き延びる組織であるために

CORPORATE DISASTER PREVENTION & MANAGEMENT SYSTEM

著者
仲川 久史
NAKAGAWA HISASHI

同友館

まえがき

　2011 年 3 月 11 日、東日本大震災が発生し、日本全国に甚大な被害を及ぼした。私の実家は宮城県気仙沼市にあり、津波ですべて、本当にすべてを失った。

　チリ地震津波の経験が、むしろ多くの悲劇を生んだと言える。津波の規模はその経験値を大きく超えるものであり、第一波で避難していた人々が、大丈夫との認識で自宅に戻り、想定外の第二波、第三波の津波に飲まれていった。過去の経験を超えた、想定外のリスク対応の重要性を嫌というほど知らされた。

　上記の経験から ISO 認証の推進を行う中で、リスクへの対応に重きを置いて進めてきた。ISO マネジメントシステムの運用に於いて、当該マネジメントシステムのみに限定したリスク対応を取っているケースがある。環境なら狭く環境のみのリスクとして扱っている。本当の意味でマネジメントシステムの有効性のある運用および事業継続性を考えた場合、これで良いはずがない。ISO マネジメントシステム（QMS、EMS）の 2015 年版規格改正の重要なポイントは事業プロセスとの統合であり、いわゆる該当組織の実態に於けるリスクをきちんと洗い出し、頻度や影響度を評価し、実態に合った対応策を策定し、実施する必要性を要求している。50 年に一度のはずの豪雨災害が毎年発生し、10 年ごとに想定外の大地震・津波の被害、今回のパンデミックが起きている現状、自然災害のリスクだけでも相当なリスクの高まりがある。マネジメントシステムを運用する上で、審査対応の狭い意味でのリスク対応だけでは十分な有効性のある対応ではないし、事業継続を包含したシステムとは言えない。自組織に於いて、提供される製品、サービスおよび組織の立地、環境、設備等リスクを広く捉え、できるかぎり最小化するための取り組み、システム化が急務と言える。

　本書はマネジメントシステムを最大限活用し、リスクの最小化への取り組みを具体的に分かりやすく説いている。災害大国日本にて想定される自然災害の今後の発生可能性、組織が取り組むべき防災・減災マネジメント

システム構築のすすめ、ISOマネジメントシステムを広く活用した事例等、ISO審査員と防災士の両面を兼ねた筆者の経験を反映している。BCPを実際に使えるレベルで運用している組織はまだまだ少ないだろう。本書が多くの組織のリスク対応および企業継続の役に立つことを切に願う。

2020年8月　一般財団法人　日本科学技術連盟　理事

ISO審査登録センター　上級経営管理者

小野寺 将人

はじめに

　暖冬のせいか、雪ひとつない岩手県陸前高田市を訪ねたのは本書執筆中の 2020 年 2 月 9 日。2003 年 1 月に品質マネジメントシステムの審査で訪ねて以来 17 年ぶりである。当時、高田の松原を眼前にみる海岸近くの"キャピタルホテル 1000"に部屋を取り 2 泊した。客室から美しい海岸線の松並木が見えた。市役所や消防署が審査先であったが、今や当時の面影はない。街並みも庁舎も津波をかぶり、まったく変わってしまっていた。

　17 年ぶりに訪ねたその日は、横浜に停泊した"ダイヤモンドプリンセス号"で「新型コロナウイルス感染症」が広がっている報道があったが、国内ではまだ広がりを見せず、マスクや手洗い等の徹底といった万全の姿勢で出かけたものであるが、まだその時は、その後急激に全国拡大し、緊急事態下になるとは思ってもいなかった。

　東北新幹線北上駅でレンタカーを借り、取材を兼ねて岩手県三陸海岸沿いに車を走らせた。車に搭載されているカーナビは復興工事による地図改変に追い付かず、ほとんど機能しない状態であった。

　先に釜石市を訪ねた。「釜石の奇跡」で有名な場所である。2019 年に「釜石市防災市民憲章」が三陸鉄道リアス線鵜住居駅近くに「いのちをつなぐ未来館」とともにできている「釜石祈りのパーク」に碑として建立されていた。ここには慰霊碑もある。ここから周りの景色を見まわしたが、大津波に襲われて多くの命が失われた場所とはとても思えないほど穏やかで、

震災前のキャピタルホテル 1000

現在は復興途上の市街地を
見下ろす高台にある

陸前高田市役所は現在もプレハブ庁舎のままであった

開設したての東日本大震災津波伝承館

津波で破壊された消防車が生々しい

木々の緑に囲まれていた。

　その晩は、大震災の2年後に営業を再開した"キャピタルホテル1000"に宿泊した。キャピタルホテル1000は当時、「道の駅高田松原」近く、海岸線近くに位置していたが、今はそこから約1.5km離れた市中を見渡せる高台に移転していた。

　筆者は、自分が以前に陸前高田市を訪ねたのは、東日本大震災の直前かとすっかり勘違いしていた。三陸と大震災の結びつく印象が強いのだ。調べてみると、訪ねた2003年1月直後の5月26日に「宮城県沖地震」が起き、震度6弱、負傷者174人を出していた。その後、2008年6月14日には「岩手・宮城内陸地震」が起き、こちらは震度6強、死者・行方不明者23人、負傷者426人を出している。さらに2011年3月9日、大震災のわずか2日前、大震災とほぼ同じ震源で地震が発生、大船渡市で震度5弱、55cmの津波が押し寄せている。わずかな年月で4回の大きな地震に見舞われていたのである。

　誰しも、自分が災害によって命を落とすと思っていない。ましてや今の

仕事を、災害がきっかけになって失うとも思わないだろう。しかし、それは確実に、そして静かに近づいてきているかもしれない。ある日突然牙をむいて災害は襲いかかる。我が国においては、どこに住んでいても、である。それはあと数十年なのか、数年なのか、あるいは数日なのか。

　備えあれば憂いなしという。個々人の家庭レベルでできる防災本は幾多も発刊されている。本書は企業防災に着眼し、筆者の専門であるマネジメントシステムと繋げ、死なない企業づくりのための備えとなるものである。

企業防災とは……

　被害を最小化させる「防災・減災対策」と、いかに早い機会に事業を復旧させ再開させるかという「事業継続計画」は、車の両輪である。どちらかだけ推進すれば良いという問題ではない。「防災は防災」「事業継続は事業継続」と別々に論ずるものでもない。内閣府が作成している「防災情報のページ」の冒頭でも、その両方からアプローチすることが企業防災であるとしている。

　「防災情報のページ」では、企業防災には、4つの要素（事業の継続、地域高弦・地域共生、生命の安全確保、二次災害の防止）があるとしている。そしてその中でもとりわけ"生命の安全確保"が一番大きいとしている。

　根拠法として国が策定した「防災基本計画」においても「3 国民の防災活動の環境整備」項の「(3) 企業防災の促進」にて以下のように規定している。

〇企業は、災害時の企業の果たす役割（生命の安全確保、二次災害の防止、事業の継続、地域貢献・地域共生）を十分に認識し、各企業において災害時に重要業務を継続するための事業継続計画（BCP）を策定するよう努めるとともに、防災体制の整備、防災訓練、事業所の耐震化、予想被害からの復旧計画策定、各点検・見直し等を実施するなどの防災活動の推進に努めるものとする。

　また「従来の防災の考え方に以下の新しい視点をプラス」することを求め具体的には、

・経営全体の観点から重要業務を選択し、復旧する事業所や設備についてメリハリをつける。
・被災後に活用できる限られた資源の有効な投入策を計画する。
・市場から許容される重要業務の停止期間に着目し、目標復旧時間を定める。
・サプライチェーンに着目し、取引関係のある主体の被災状況や、その主体への自社の業務停止の影響も評価する。

としている。

　筆者は、日ごろ「品質」を始め「環境」「労働安全衛生」「道路交通安全」といった各種 ISO マネジメントシステムの審査員として多くの企業を訪ね、実地審査にあたってきた。が、「災害」に対しての知見や対応は薄く、また、実際に「防災」や「事業継続」の手順や計画を策定し、訓練を重ね、あるいは備蓄を準備している企業においても、有効性を欠いた状況が多く見られるのがその実態である。今や、企業は本気で「防災、減災」「事業継続」に対して、あらゆる手間と投資によって知見や対応力を増さなければ、ある日突然「製品やサービス」が提供できず、惜しまれながらも規模の縮小や、最悪の場合、倒産の日を迎えることになりかねない。

　今や、大災害は非日常ではない。日々のように、自然災害が発生している。
　巨大地震、津波、局地的集中豪雨、酷暑、火災、火山噴火、ガス爆発、油流出、放射線洩れ、……取り上げていけばキリがないほどである。
　どこに本社を置こうが、営業所や工場を置こうが、日本国内どの場所においても、意に反してそれは突然やってくる。右往左往するその日がやってくる。
　そんなことがわかっているのに、「防災・減災」にどれだけの企業が本気で取り組んでいるだろうか。どれだけ集中して研究、対策検討、投資が行われているだろうか。

　人間は、忘れやすい。知識はもちろん、昨日何を食べたかさえ忘れる。悲しいことも辛いことも忘れていく。それは人間に与えられた、前を向くための本能である。大震災の記憶も例外ではない。あっという間に忘れていってしまう。

　でも、忘れないように努力することはできる。日々の活動、ルーチンワークの中に防災意識を組み込み、忘れないようにできるだけ可視化し、反復すること。それは、それぞれの命のためである。

　「防災・減災対策」、「事業継続計画」について、強いて言えば会社のためと思う必要はない。自分のためである。自分が生き残るためである。役員も幹部も係長も主任も、一般職もパート・アルバイトたちも、派遣で来ている人々も、みんな縁があって企業に集まっている。ひとりも死んではいけない。それが事業の継続に繋がる。機械が水に浸かっても、働く人々が生き残ればなんとかなる。再始動できる。取引先の再構築ができる。設備を直せる。お客様先訪問もできる。

　後に触れるが、事業継続計画（BCP）を策定すれば事業が継続できるわけではない。まず、働く人々が生き残ることである。そのための「防災・減災」に関して記述を増やした。そして、その大きなテーマとともに、現在多くの企業が取り組んでいるマネジメントシステムとの関わり、「防災・減災」、「事業継続」を今のマネジメントシステムの中で、どう加味し推進していくのが良いか、そのヒントとなる考え方を述べた。

　また、本書執筆中に「新型コロナウイルス感染症」の世界規模での蔓延が発生したため、内容を見直し、「感染症」について大幅に加筆した。今後、企業はこの「感染症」にどう向き合っていけば良いのか、そのヒントも加えたつもりである。

　以前、筆者は自著『経営につなげる ISO 活動の極意』（日科技連出版社）の中で「組織のマネジメントシステムはひとつ」であり、「品質や環境等の要素はひとつひとつのパーツにすぎない」と言った。今でもそれは変わらない。ただ、最近思うのは、それも事業が継続してこそだということで

ある。

　防災マネジメントが発揮され、事業継続ができることを前提として、「品質」や「情報セキュリティ」「安全」のマネジメントがあるのではないかと。むろん、「品質」や「情報セキュリティ」「安全」をおろそかにしてはならない。しかし、それぞれの企業が保有している大きな資源は「人」であり「設備」である。それが失われないことが、今の「品質」や「情報セキュリティ」や「安全」を支えているのではないだろうか。

　災害が頻発し、さらに巨大な災害が迫るこの国で、今、それぞれの企業がすべきこと—。それは、いかに事業を継続するかということである。そのために特に「防災・減災」が求められているのだ。

　そんなことをそれぞれの企業の中で、役員はじめ、ひとりひとりの従業員が本気で考え始めて、真摯に取り組んでいくそのきっかけ、後押しに本書がなれば、この上ない喜びである。内部監査や外部審査に際して、監査員や審査員がこのことを理解し監査・審査に臨んでくれたなら、一層の喜びである。

　なお、執筆・発刊に当たり、同友館の武苅夏美氏には、たいへんお世話になった。「防災・減災」に関する書として発刊するまで、多くのお力添えをいただいた。また、サステナビリティ経営に詳しい成蹊大学の猪狩正利先生にはSDGsとマネジメントシステムの繋がりや活用について筆者が参加したセミナーで多くの知見をいただいた。感謝申し上げる。さらに、「まえがき」を寄せていただいた小野寺将人理事にも、厚く御礼申し上げたい。

　他にも本書執筆にあたり、現地取材協力いただいた「岩手県釜石市いのちをつなぐ未来館」、「いわて TSUNAMI メモリアル—東日本大震災津波伝承館」、「キャピタルホテル 1000」の関係者のみなさまにも重ねて御礼申し上げる。

2020 年 8 月　　仲川　久史

※文中では、重要な点を強調するために、同じことを何度も何か所でも言っていることがあります。あらかじめご理解ご了承願います。

※また、事業者について法人であるなしに関わらず、公共事業者民間事業者ともに「企業」としています。ただしマネジメントシステム審査においては規格用語で「組織」という用語が使用されていることから、審査に係る箇所については「組織」という用語も使用しています。他からの引用についても同様としました。ご了承ください。

※加えて、何らかの障がいを有する人に関して触れる場合、法令用語や文書タイトルとしての紹介を除き他の文献からの引用を含めて、あえて「障がい者」と表記しています。

※本書に基づく情報は、特に記述しない限り、2020 年 2 月時の内容としています。また、「新型コロナウイルス感染症」に関する情報は、一部を除き 2020 年 5 月時の内容に基づきます。学術名称では「COVID-19」と表記されますが、本書では和名で統一しています。

もくじ

Take a break

「気候変動適応法」という
法律はご存じ？

　環境省は、2018年、「気候変動適応法」という法律を制定、同法は同年2月20日の閣議決定を経て、6月13日公布され、12月1日に施行されている。

　この法律が作られ、施行されていることについてご存じだろうか。

　この法律について、環境省の資料から引用すると以下の通りである。

背景

　近年、気温の上昇、大雨の頻度の増加や、農作物の品質低下、動植物の分布域の変化、熱中症リスクの増加など、気候変動の影響が全国各地で起きており、さらに今後、長期にわたり拡大するおそれがある。

　これまで我が国においては、地球温暖化対策の推進に関する法律の下で、温室効果ガスの排出削減対策（緩和策）を進めてきたが、気候変動の影響による被害を防止・軽減する適応策は法的に位置付けられていなかった。

　気候変動に対処し、国民の生命・財産を将来にわたって守り、経済・社会の持続可能な発展を図るためには、温室効果ガスの長期大幅削減に全力で取り組むことはもちろん、現在生じており、また将来予測される被害の防止・軽減等を図る気候変動への適応に、多様な関係者の連携・協働の下、一丸となって取り組むことが一層重要となっている。

　本法律は、こうした状況を踏まえ、気候変動への適応を初めて法的に位置付け、これを推進するための措置を講じようとするものである。

出典：2018年11月　環境省地球環境局　気候変動適応法　逐条解説

この法律の中で、一般企業（事業者）に対して行動を促している箇所が

「第5条」である。同じく引用しておく。

> （事業者の努力）
> 第5条 事業者は、自らの事業活動を円滑に実施するため、その事業活動の内容に即した気候変動適応に努めるとともに、国及び地方公共団体の気候変動適応に関する施策に協力するよう努めるものとする。
>
> 解説
>
> 　気候変動の影響は事業活動にも大きな影響を及ぼしうる。その際、事業者はその事業の特性に即して、①気候変動影響によって自らの事業が途絶えることのないようにサプライチェーンの多重化や洪水時の浸水対策など、業務を円滑化させるためのリスクマネジメントの取組、②防災・減災に資する技術開発、製品・サービスの販売や、高温耐性品種の開発や販売など、その事業分野に応じた適応ビジネスの実施、の2通りの気候変動適応への貢献方法が想定される。
>
> 　　　　出典：2018年11月　環境省地球環境局　気候変動適応法　逐条解説

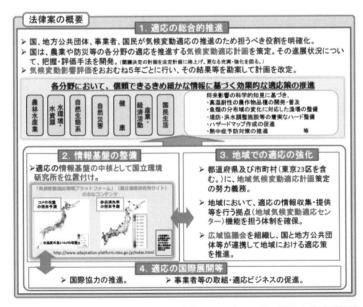

出典：2018年11月　環境省地球環境局

3

そして、この法律に準拠、呼応するように、2019年3月に環境省から『民間事業者の気候変動適応ガイド―気候リスクに備え、勝ち残るために―』が発行されている。

　このガイドでは、以下の項目について触れ、既存企業の具体的な取り組み事例も紹介している。

1. 企業の気候変動「適応」とは
2. 事業活動における気候変動の影響
3. 気候変動適応への取組をチャンスに変える
4. 気候変動適応の進め方
5. さらに詳しい情報を知りたい方へ

　特に「4. 気候変動適応の進め方」では、①方針を明確にし、②リスクと機会を整理し、③優先課題を特定し、④適応策を選定、実行し、⑤進捗状況の確認と見直しへ展開するといった、まさにマネジメントシステム（PDCA）による運用手順が詳細に示されている。

　また、本ガイドとは別に、同時に「参考資料編」も策定されており環境省のホームページからダウンロードすることが可能である。

　詳細は、後述することとするが、ひとつひとつの企業が、昨今の気候変動に敏感になり、気候変動に関する知見を高め、いかに自社の事業を停滞させずに活動継続するかについて、個々に考え知恵を働かせ、計画に落とし込んだ準備をしていくか、問われる時代に入ったと言えよう。

社会的責任としての「防災・減災」

　緊急時、非常時ほど、企業の社会的責任が問われ、どう社会に貢献したかが地域の人々の評価に繋がると言える。

　ある企業の店舗は、平均で日中の来店客が 10,000 人前後であるが、非常備蓄品は、従業員の 50 人分とプラス α ということであった。コスト面を考えればやむを得ないのかもしれないが、実際に大災害が起きて、その

来店客らが帰宅できずに、店内に滞留せざるを得なくなったなら、それでも備蓄品を従業員だけに配付するにとどまるのだろうか。

　企業の評価はそのようなときにこそ下されるのではなかろうか。災害時にこそ試されると言っても過言ではなかろう。

　後述するが、今や企業は「防災・減災」にかけるコストや対策内容が株主等から注目されつつあるようになってきている。「環境会計」に続いて「防災会計」も叫ばれるようになってきた。まさに ESG 投資に、より一層の注目が集まってきているのである。

　今月を乗り切ればとか、今年の利益さえ出ればとか、次の社長交代まで難なく過ごせれば、ではない！一時的な安定や利益至上主義では、大災害に勝てなくなってきているということを強く言いたい。

SDGs と「防災・減災」の繋がり

　　　　　　　左のようなロゴマークを最近目にすることが多くなったのではなかろうか。

　　　　　　　昨今よく語られる「SDGs（エスディージーズ）」のシンボルマークである。

　　　　　　　企業によっては、すでに「企業理念」や「事業方針」に盛り込んでいたり、バッチを襟につけていたりと、会社を挙げて推進している。

　今、この詳細を述べることはページ上難しいが、「防災・減災」に通じている部分、背景だけ述べておこう。

SDGs は「Sustainable Development Goals」の略で「持続可能な開発目標」と訳される。最近になって耳にする人が多いと思うが、2015 年の国連サミットで採択され、加盟国が 2030 年までの 15 年間で達成すべく掲げられた目標である。

開発途上国を含めた加盟国すべてに対しての統一目標であることから、実際、よくわからないという声も多く聞く。先進国を自負している我が国の企業や経営者によっては、関心を持ちづらい指標と感じるむきもあろうし、内容がおぼろげすぎるというむきもあろう。

17 の目標とともに、169 の具体的内容（ターゲット）が示されている。

自社の活動が何の目標やターゲットと繋がり、いかに国際貢献に繋げた行動をしているか、"経営計画" や "自社行動目標" の中で示し、SDGs を引用している企業が増えつつあるのも現状である。逆に、ブームのひとつであるとし、何ひとつ新しい行動に繋げていない企業もある。

そのような SDGs であるが、この中でぜひ注目したい目標がある。ひとつは、「11. 住み続けられるまちづくりを」である。

一見、いやいや、充分に住み続けられるまちになっているだろう、心配はまったく感じないと言うかもしれない。今さらなんで？と思うかもしれない。しかし現実的に、震災や土砂災害、原発事故によって住み慣れた街をやむなく離れ、大きく人口減少している市町村はいくつもある。住み続けられない現状が身近にもあるのである。

原発事故で大きな影響を受けた福島県のあるまちでは、避難指示が何年かぶりに解除されたにも関わらず、すでに避難先に愛着を感じ、復興整備されつつある元の場所には戻る考えがないという企業、住民が多いとも聞く。

目標の「11. 住み続けられるまちづくりを」のサブテーマと、筆者が注目した具体的なターゲットをみてみよう。

目標 11. 包摂的で安全かつ強靭で持続可能な都市及び人間居住を実現する

<u>11.5</u>　2030 年までに、貧困層及び脆弱な立場にある人々の保護に焦点をあてながら、水関連災害などの災害による死者や被災者数を大幅に削減し、世界の国内総生産比で直接的経済損失を大幅に減らす。

<u>11.6</u>　2030 年までに、大気の質及び一般並びにその他の廃棄物の管理に特別な注意を払うことによるものを含め、都市の一人当たりの環境上の悪影響を軽減する。

<u>11.b</u>　2020 年までに、包含、資源効率、気候変動の緩和と適応、災害に対する強靭さ（レジリエンス）を目指す総合的政策及び計画を導入・実施した都市及び人間居住地の件数を大幅に増加させ、仙台防災枠組 2015-2030 に沿って、あらゆるレベルでの総合的な災害リスク管理の策定と実施を行う。

もうひとつ目標を紹介しよう。

　「13. 気候変動に具体的な対策を」は、「防災・減災」に直結するストレートな目標である。ターゲットの一部を見てみよう。

目標 13.　気候変動及びその影響を軽減するための緊急対策を講じる

<u>13.1</u>　すべての国々において、気候関連災害や自然災害に対する強靭性（レジリエンス）及び適応の能力を強化する

<u>13.3</u>　気候変動の緩和、適応、影響軽減及び早期警戒に関する教育、啓発、人的能力及び制度機能を改善する

まさに「自然災害」に対して「手を打て」ということである。

　ちなみに、日本経済団体連合会でも、2017 年 11 月 8 日、「企業行動憲章」を改訂した際、SDGs に触れ、その達成に向けて行動するとしている。「企業行動憲章―持続可能な社会の実現のために―」の項目「9」に以下の文言がある。

9.　市民生活や企業活動に脅威を与える反社会的勢力の行動やテロ、サイバー攻撃、自然災害等に備え、組織的な危機管理を徹底する。

それでは、SDGs「11.b」であえて表記されている「仙台防災枠組 2015-2030」とは、いったい何なのか、国連内に設置された「国連防災世界会議」を少し紐解いてみよう。

国連防災世界会議からの繋がり

　「国連防災世界会議」は、国連主催の会議体のひとつで、国際的な防災戦略について議論する会議である。1990 年に国連総会で今後 10 年間を「国際防災の 10 年」として決議され、国際防災の日制定、災害予防策の推進、事務局の設置が行われ、スタートしている。

　2020 年現在、これまで 3 回開催されているが、いずれも開催地は我が国であった。1994 年に横浜で開催され、2005 年に神戸で開催され、そして 2015 年 3 月に仙台で開催されている。2005 年の神戸は、阪神・淡路大震災から 10 年ということで被災地として選ばれ、2015 年の仙台は、東日本大震災の被災地ということで選ばれている。

　国連広報センターのホームページから引用すれば、会議のアウトプットとして、横浜では「より安全な世界のための横浜戦略と行動計画」が採択され、自然災害の防止、準備、緩和に関するガイドラインが提供され、神戸では「兵庫行動枠組 2005-2015：災害に強い国・コミュニティーの構築」が採択され、そして仙台では「仙台防災枠組 2015-2030」が採択されている。

　ここでは、「兵庫行動枠組 2005-2015」と「仙台防災枠組 2015-2030」のあらましを見てみよう。

兵庫行動枠組 2005-2015

　詳細は、A4 サイズで 19 ページにおよぶ内容となっているが、ここでは「序文」抜粋「期待される成果及び戦略目標」「2005-2015 の優先行動」表題について記す。

Ⅰ．序文
・災害による損失は増大し、開発利益を奪い、地球規模の問題となっ

ている。無計画な都市化、環境の悪化、気候変動等により脆弱性が増し、災害は世界の人々や途上国の持続可能な開発をますます脅かしかねない。過去20年間、災害により毎年平均2億人以上が被害を受けている。防災を持続可能な開発や貧困削減の取組みに体系的に取り組む必要性は、今や国際的な認識を得ている。

・横浜戦略の点検作業において、防災を持続可能な開発と関連づけ、より体系的に展開し、各国や地方の防災能力の強化を通じて災害に強い国・コミュニティを構築することが主要な課題として浮き彫りとなった。

Ⅱ．期待される成果及び戦略目標

今後10年で期待される成果は、災害による人的被害、社会・経済・環境資源の損失が実質的に削減されること。この実現のため、次の3つの戦略目標を設定する。

ａ）持続可能な開発の取組みに減災の観点をより効果的に取り入れる。

ｂ）全てのレベル、特に、コミュニティレベルで防災体制を整備し、能力を向上する。

ｃ）緊急対応や復旧・復興段階においてリスク軽減の手法を体系的に取り入れる。

Ⅲ．2005-2015の優先行動

１．防災を国、地方の優先課題に位置づけ、実行のための強力な制度基盤を確保する。

２．災害リスクを特定、評価、観測し、早期警報を向上する。

３．全てのレベルで防災文化を構築するため、知識、技術革新、教育を活用する。

４．潜在的なリスク要因を軽減する。

５．効果的な応急対応のための事前準備を全てのレベルで強化する。

この行動枠組の後半で東日本大震災が発生したのである。

仙台防災枠組 2015-2030

　詳細は、A4サイズで21ページにおよぶが、ここでは「前文」抜粋「確認されたギャップ、今後の課題」抜粋「期待される成果とゴール」抜粋「優先行動」表題について記す。

Ⅰ. 前文

　世界会議の間に、各国は、災害リスク削減と災害に対する強靭性の構築が、持続可能な開発と貧困撲滅を背景として緊迫感を新たにしながら取り組まれ、そして適宜、あらゆるレベルにおいて政策、計画、事業、予算に統合され、また関連する枠組において考慮される旨の決意を繰り返し述べた。

確認されたギャップ、今後の課題

　しかしながらこの10年間の期間に、災害は引き続き甚大な損害をもたらし、その結果、人々、コミュニティ、国家の福祉と安全が総体として影響を受けてきた。災害の発生によって、70万人以上が死亡し、140万人以上が負傷し、約2300万人が住む家を失った。全体としては、15億人以上の人々がさまざまな形で災害の影響を受けたことになる。女性、子供、脆弱な状況にある人々はより多くの影響を被っている。経済的損失は合計で1兆3千億ドル以上となった。さらに、2008年から2012年にかけて、1億4400万人が災害により住む場所を失った。災害は、その多くが気候変動によって激化し、またより頻繁かつ激しく起こるようになっており、持続可能な開発に向けた進展を著しく阻害する。

　人、コミュニティ、国家、その暮らし、健康、文化遺産、社会経済的資産、そして生態系をより効果的に守るために、災害リスクを予測し、そのために計画を立て、そして削減すること、それによってそれぞれの強靭性を高めることが、緊急かつ重要である。

Ⅱ. 期待される成果とゴール

　人命・暮らし・健康と、個人・企業・コミュニティ・国の経済的・

物理的、社会的、文化的、環境的資産に対する災害リスク及び損失を大幅に削減する。

Ⅲ.優先行動

優先行動1：災害リスクの理解

優先行動2：災害リスク管理のための災害リスク・ガバナンスの強化

優先行動3：強靭性のための災害リスク削減への投資

優先行動4：効果的な災害対応への備えの向上と、復旧・復興過程における「より良い復興」

この枠組が始まった直後に熊本地震が発生している。

これらの「国連防災世界会議」で採択された枠組みについて、どれだけの国民、いや企業のトップが知っていることだろう。最初の横浜開催時は、まだまだ国内的には甚大な被害をもたらす自然災害はそう多くなく、早くから真摯にこの行動を起こしていれば、その後の自然災害の被害は、多少でも小さくできたのではないだろうか。

ちなみにSDGsと感染症との関連を紹介したい。

「3.すべての人に健康と福祉を」である。ターゲットとして以下の記述がある。

3.　あらゆる年齢のすべての人々の健康的な生活を確保し、福祉を促進する

3.3　2030年までに、エイズ、結核、マラリア及び顧みられない熱帯病といった伝染病を根絶するとともに肝炎、水系感染症及びその他の感染症に対処する。

この目標が設定されてから2020年で丸5年経ているが、我が国を含め世界の国々はこの目標にどう向き合ってきただろうか。

「新型コロナウイルス感染症」への対処については今後検証されるであろうが、さらにタチの悪い性質を持つウイルスや細菌が発生しないとも言

い切れない。それぞれの国は国民の健康を確保するための先手先手の施策が一層期待されよう。

国はさまざまな利害を超えて国民の命を守らなければなるまい。

国の政策としての「防災・減災」

ここでは、2つの法律を紹介してみたい。「国土強靭化基本法」と「中小企業強靭化法」である。筆者は最初、経済強化に関する法律かと思ったが、主たる内容は「防災・減災」に努力すべしという法律である。

国土強靭化基本法

2013年12月に施行された法律で、正式名称を「強くしなやかな国民生活の実現を図るための防災・減災等に資する国土強靭化基本法」という。

法の冒頭に「附則」として法制定の背景が記されている。発生の可能性として具体的災害名称を法律内に組み入れている極めて異例な法律である。

附則（一部抜粋）

我が国は、地理的及び自然的な特性から、多くの大規模自然災害等による被害を受け、自然の猛威は想像を超える悲惨な結果をもたらしてきた。我々は、東日本大震災の際、改めて自然の猛威の前に立ち尽くすとともに、その猛威からは逃げることができないことを思い知らされた。

我が国においては、二十一世紀前半に南海トラフ沿いで大規模な地震が発生することが懸念されており、加えて、首都直下地震、火山の噴火等による大規模自然災害等が発生するおそれも指摘されている。（略）大規模自然災害等が想定される最大の規模で発生した場合、東日本大震災を超える甚大な被害が発生し、まさに国難ともいえる状況となるおそれがある。我々は、このような自然の猛威から目をそらしてはならず、その猛威に正面から向き合わなければならない。（略）

大規模自然災害等から国及び国民を守るためには、大規模自然災害

等の発生から七十二時間を経過するまでの間において、人員、物資、資金等の資源を、優先順位を付けて大規模かつ集中的に投入することができるよう、事前に備えておくことが必要である。このためには、国や地方公共団体だけでなく、地域住民、企業、関係団体等も含めて被災状況等の情報を共有すること、平時から大規模自然災害等に備えておくこと及び新たな技術革新に基づく最先端の技術や装置を活用することが不可欠である。(略)

出典:「強くしなやかな国民生活の実現を図るための防災・減災等に資する国土強靱化基本法」

　この基本法と同時に「国土強靱化政策大綱」が策定されている。基本法にある「国土強靱化基本計画」の基となっている。この大綱には、"起こってはならない事態"が示されているので、その一部を併せて紹介しておこう。

特定されている "起こってはならない事態"

* 大都市での建物・交通施設等の複合的・大規模倒壊や住宅密集地における火災による死傷者の発生	海上輸送の機能の停止による海外貿易への甚大な影響
不特定多数が集まる施設の倒壊・火災	太平洋ベルト地帯の幹線が分断する等、基幹的陸上交通ネットワークの機能停止
* 広域にわたる大規模津波等による多数の死者の発生	複数空港の同時被災
* 異常気象等による広域かつ長期的な市街地等の浸水	金融サービスの機能停止により商取引に甚大な影響が発生する事態
* 大規模な火山噴火・土砂災害(深層崩壊)等による多数の死傷者の発生のみならず、後年度にわたり国土の脆弱性が高まる事態	* 食料等の安定供給の停滞
* 情報伝達の不備等による避難行動の遅れ等で多数の死傷者の発生	* 電力供給ネットワーク(発変電所、送配電設備)や石油・LP ガスサプライチェーンの機能の停止
* 被災地での食料・飲料水等、生命に関わる物資供給の長期停止	上水道等の長期間にわたる供給停止

多数かつ長期にわたる孤立集落等の同時発生	汚水処理施設等の長期間にわたる機能停止
* 自衛隊、警察、消防、海保等の被災等による救助・救急活動等の絶対的不足	地域交通ネットワークが分断する事態
救助・救急、医療活動のためのエネルギー供給の長期途絶	異常渇水等により用水の供給の途絶
想定を超える大量かつ長期の帰宅困難者への水・食糧等の供給不足	市街地での大規模火災の発生
医療施設及び関係者の絶対的不足・被災、支援ルートの途絶による医療機能の麻痺	海上・臨海部の広域複合災害の発生
被災地における疫病・感染症等の大規模発生	沿線・沿道の建物倒壊による直接的な被害及び交通麻痺
矯正施設からの被収容者の逃亡、被災による現地の警察機能の大幅な低下による治安の悪化	ため池、ダム、防災施設、天然ゴム等の損傷・機能不全による二次災害の発生
信号機の全面停止等による重大事故の多発	有害物質の大規模拡散・流出
* 首都圏での中央官庁機能の機能不全	* 農地・森林等の荒廃による被害の拡大
地方行政機関の職員・施設等の被災による機能の大幅な低下	風評被害等による国家経済等への甚大な影響
* 電力供給停止等による情報通信の麻痺・長期停止	大量に発生する災害廃棄物の処理の停滞により復旧・復興が大幅に遅れる事態
郵便事業の長期停止による種々の重要な郵便物が送達できない事態	道路啓開等の復旧・復興を担う人材等（専門家、コーディネーター、労働者、地域に精通した技術者等）の不足により復旧・復興が大幅に遅れる事態
テレビ・ラジオ放送の中断等により災害情報が必要な者に伝達できない事態	地域コミュニティの崩壊、治安の悪化等により復旧・復興が大幅に遅れる事態
* サプライチェーンの寸断等による企業の生産力低下による国際競争力の低下	新幹線等の基幹インフラの損壊により復旧・復興が大幅に遅れる事態
* 社会経済活動・サプライチェーンの維持に必要なエネルギー供給の停止	広域地盤沈下等による広域・長期にわたる浸水被害の発生により、復旧・復興が大幅に遅れる事態
コンビナート・重要な産業施設の損壊、火災、爆発等	

* 印は、重点化すべきプログラムに係る起こってはならない事態

出典：平成 25 年 12 月 17 日付「国土強靱化政策大綱」

　2019 年 12 月に NHK が NHK スペシャルとして「体感首都直下地震」を放送したが、その中で衝撃的な結果を分析して「被災ツリー（注）」として示していたその内容と近い。

（注）「被災ツリー」とは NHK が専門家に委託して作り上げた、首都直下地震で考えられる被害をすべて抽出し系統立てて最悪のシナリオを導いたもので、それによれば首都直下地震による最終的な姿は、“財政破綻”、“生活困窮の拡大”、“日本の国力低下”にまで至るという。

　2020 年初頭からの「新型コロナウイルス感染症」拡大では、“オーバーシュート（爆発的感染拡大）”“医療崩壊”“ロックダウン（移動制限・都市封鎖）”という事態まで現実的な問題として叫ばれたのは耳に新しい。上記で述べた首都直下地震による最終的な姿が、感染症の拡大によっても起こり得る、近いところに見え隠れするものであることを思い知らされた。

中小企業強靭化法

　国土強靭化基本法を受けるように、中小企業に向けた法律が「中小企業強靭化法」である。正式名称は「中小企業の事業活動の継続に資するための中小企業等経営強化法等の一部を改正する法律」である。2019 年 5 月 29 日に成立、同年 7 月 16 日に施行された。

　本法では、「防災・減災対策の促進に向けた支援策」として、①中小企業防災・減災投資促進税制、として税制優遇について触れるとともに、②金融支援、③補助金支援等について記され、中小企業・小規模事業者への防災・減災意識の高揚、普及を図るとともに、事業の継続性につなぐべく、事業継続計画策定の支援についても触れている。

　まさかと思うかもしれないが、過去に経験のないより甚大な自然災害が、日本のあらゆる品質、技術、安全を失う可能性がある。だからこそ、叫ばれ始めているのである。そうでなくとも少子高齢化がどんどん進む。甚大な災害は今後一層、地域消滅や、人口動態、就業人口の大きい変動にも繋がり、“今の生活の利便さは過去の話し”になりかねないのである。

　「新型コロナウイルス感染症」は、数年の長きに渡る定常の感染症になっ

ていくのではないかと言われている。これまでの日常生活は拡大防止策により一変したが、この一変した毎日が、この時だけの非日常なのではなく、以後も日常となって続く可能性が高いと言う。真に恐ろしいウイルスである。

新学習指導要領の改訂による災害知識の充実

　直接企業に向けた施策とは異なるが、2017 年に「新学習指導要領」が改訂され、自然災害について、その現象と仕組みを学び、命を守るためにどうすれば良いかを考える内容が充実した。「防災・減災」については、子供たち、学生たちの方が大人たちよりも詳しいかもしれない。

　「新型コロナウイルス感染症」の拡大では、学校の休校措置が長く続いた。子供たちの心に少なからず傷を残すに違いない。「感染症」に関する正しい知識と予防策、関連したいじめや中傷の撲滅等について、今後さらなるケアや、指導要領の改訂が望まれよう。他人を差別した目で見ない、攻撃しない、といった「心の熟成」「倫理観の高揚」も望まれる。このことは、子供たちだけでなく、国民全員に期待される。企業においても同様だ。

世界経済からみる防災・減災

世界経済フォーラム

　「世界経済フォーラム」とは、Wikipedia によれば、「社会におけるリーダーたちが連携することにより、世界、地域、産業の課題を形成し、世界情勢の改善に取り組むことを目的とした国際機関」としている。「世界経済フォーラム」についてはさまざまな評価があるが、ひとつだけ紹介したい報告がある。

　「世界経済フォーラム」が報告する内容のひとつに「グローバルリスク報告書」がある。その中に"自然災害がいかに世界経済に大きな影響をもたらすか"という図表がある。興味深いものなので下記に引用してみたい。

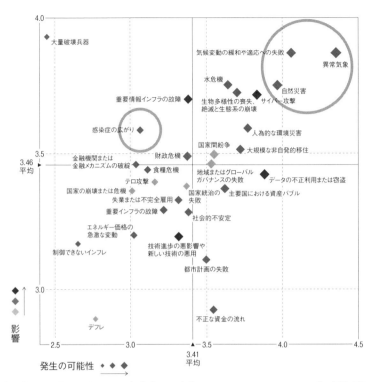

出典：第14回グローバルリスク報告書2019年版　World Economic Forum（一部筆者加工）

　グローバルな視点で考えてみても、地球規模で「防災・減災」が喫緊の課題であることがわかる（右上丸枠）。2020年2月南極で気温が摂氏20℃を超えたというニュースが流れた。地球は確実に温まっているのであろう。

　これまで考えられもしなかったことが地球規模で起き始めている。

　ちなみに、"感染症の広がり"についてこの報告書の段階では、左上丸枠に位置していた。次の報告では、発生の確率も影響度も、より高くなるであろう。「世界経済フォーラム」では、「新型コロナウイルス感染症」への対応として「新型コロナウイルスパンデミック下の労働力に関する指針」を急遽作成・発行し、"5つの指針と管理職の4つの責務"を公表している。また"新型コロナウイルスに対するレジリエンスを高める"という記事も興味深い。

第1章

災害でどれだけの企業が倒産したか

　いきなり気が沈む、暗い話しからのスタートで申し訳ないが、避けて通れることではないので、あえてこの章を立ててみた。この章では、主に2011年3月11日に東北地方太平洋沖地震（その後この地震による被害の大きさから「東日本大震災」と呼ばれ、一般にも地震そのものを東日本大震災と呼称することが多い）によって、今日までどれだけの企業が倒産しているか、確認した内容を記しておきたい。

　このデータは、「株式会社東京商工リサーチ」が、地震発生直後から、今日まで追跡し一般に公開している情報である。直近のデータによれば、2020年6月度速報値として公開している。その内容を少し引用してみたい。

　4月度速報では「東日本大震災の関連倒産は、110カ月連続で関連倒産が発生し、累計は1,953件に達した。」としていたが、7月度速報では「2カ月ぶりに2件発生し1,955件」としている。今なお続いているのである。（倒産の定義では、負債額1,000万円以上としており、それ以下の負債額では倒産と扱っていないため、実際にはさらに多いと推測される）

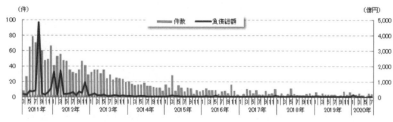

東日本大震災関連倒産　震災後月次推移

出典：㈱東京商工リサーチホームページ

　「累計倒産件数を都道府県別でみると、もっとも多いのが東京（572件）、

次いで宮城（190 件）、北海道（85 件）、岩手（85 件）、福島（83 件）、神奈川・茨城（各 79 件）…。」とし、直接被災地の東北 6 県の倒産件数は 463 件で全体構成比では 23.6％とも記している。大震災規模となると、必ずしも直接被災した地域のみならず、広域に渡って連鎖倒産が起きていることがわかる。（次図参照）

「東日本大震災」関連企業倒産

「東日本大震災」関連 企業倒産
（2020年7月31日現在）

全国合計
1,962件

北海道	85件
青森県	37件
秋田県	20件
岩手県	85件
山形県	48件
宮城県	193件
石川県	38件
富山県	4件
新潟県	23件
福島県	85件
島根県	0件
鳥取県	1件
京都府	2件
福井県	10件
岐阜県	3件
長野県	10件
群馬県	51件
栃木県	62件
茨城県	79件
山口県	6件
兵庫県	18件
広島県	8件
岡山県	8件
大阪府	49件
滋賀県	1件
埼玉県	46件
長崎県	1件
佐賀県	4件
福岡県	71件
奈良県	11件
三重県	11件
愛知県	33件
静岡県	50件
山梨県	12件
東京都	574件
千葉県	77件
愛媛県	13件
香川県	3件
神奈川県	79件
熊本県	3件
大分県	3件
和歌山県	3件
高知県	1件
徳島県	2件
鹿児島県	3件
宮崎県	3件
沖縄県	1件

出典：㈱東京商工リサーチホームページ

　また「産業別では、宿泊業や飲食業などを含むサービス業他が 521 件ともっとも多く、全体の 26.6％を占め、次いで製造業 457 件（23.3％）、卸売業 355 件（18.1％）、建設業 224 件（11.4％）、小売業 186 件（9.5％）と続く。」としている。宿泊業や飲食店業等 BtoC 型企業のみならず、製造業や建設業等 BtoB 型企業の経営においても大きな打撃を受けていることがわかる。

　被害型での分類では、「間接型」が圧倒的に多く、「1,726 件であり全体の 88.2％を占める」としている。「以前から経営不振だったが震災による

間接影響で経営破綻」、「震災の影響による経営破綻が他への取材から確認できた」といったケースが多く、「震災により施設・設備・機械等に被害を受けて経営破綻した」といった「直接型」は意外にも少なく、「229件（11.6%）」ということである。いかに普段から底力ある企業体質にしておくか、一刻も早く事業再開可能な状態にしておくか、これまで以上に、必要かつ最優先事項になってきていると言える。

　ちなみに、同社のデータでは大震災関連倒産によって、影響を受けた従業員被害者数は、29,805人（2020年2月29日現在）に達しており、9年を経ている中での比較では、1995年の阪神・淡路大震災の6.7倍に上るとしている。この人数は正社員のみということから、パート・アルバイト等は含まれておらず実態は相当の人数に上ると推測される。意外にも東京都が9,385人と全体の約3分の1を占めている。

　2019年12月20日に帝国データバンクが発表した内容に、筆者は唖然とした。

　「自然災害リスクへの対応、企業の27.0%にとどまる」

　要旨はこうだ。

1．自然災害に対する経営上のリスクへの対応状況において、「対応を進めている」（十分に対応を進めている、ある程度対応を進めている、の合計）企業は27.0%にとどまった。他方、「対応を進めていない（あまり対応を進めていない、ほとんど対応を進めていないの合計）企業は66.4%にのぼった。

2．「対応を進めている」とする企業をみると「金融」が50.0%と最も高く、次いで「農・林・水産」35.8%、「小売」30.3%が3割台で続いた。

3．同様に都道府県別にみると「高知」44.2%が最も高く、4割を超えた。以下、「和歌山」38.6%、「宮城」36.8%、「奈良」36.5%、「千葉」33.1%が上位にあがった。近年、震災により大きな被害を受けた地域や水害などが発生した地域、今後大地震が想定される地域で自然災害に対するリスク対応が進められている傾向がみられた。

　まだまだ、多くの企業において自然災害による被災は、他人事と考えているのだろうか。災害リスクに対するコスト投資は二の次と考えているのだろうか。たとえそうでなくとも、対策コストと知識は不足しているのだ。

　中小企業庁が2018年11月に作成した「中小企業の防災・減災対策に関する現状と課題について（事務局説明資料）」では、「事前対策の不足による被害事例」が紹介されている。

<u>旋盤加工業</u>
河川氾濫により、主要設備等が全て水没し、使用不可能となった。
<u>食品加工業</u>
地震により、建屋・設備に被害。災害対策を講じていなかったため、従業員の出社状況が把握できず、どのような対策を行えばよいかわからず、混乱した。
<u>土砂採取業</u>
地震により、従業員の安否確認や、計画停電対応に苦労した。
<u>樹脂製造業</u>
電力供給の途絶や従業員の被災により、1カ月間の操業停止。代替生産拠点を確保していなかったため、製造が遅延し、顧客を失った。
<u>旅館業</u>
地震や大雪を経験し、災害時にトップが不在などがあり、どのように対応すればよいか従業員が困った。
<u>取引業</u>
長期間の停電により、売買機能（取引）が停止した。停電による取引停止を想定しておらず、自家発も設置していたが古い機器で3時間弱しか稼働できなかった。

　これらは、ほんの一例にすぎないと思われ、実際にはひとたび大規模災害が発生すると多くの企業で相当の混乱や、事業中断、失注等が発生し得ると言える。

新型コロナウイルス感染症による企業倒産も深刻

　本書では幾カ所かで「感染症」について触れた。言うまでもなく 2020 年、中国武漢市から世界中に拡がったと言われる「新型コロナウイルス感染症」の世界的規模での感染拡大では、感染者、死亡者の激増とともに、スポーツの祭典「2020 東京オリンピック・パラリンピック競技大会」までをも延期とさせた。

　少し時系列で見てみよう。

2月19日	クルーズ船"ダイヤモンドプリンセス号"乗客下船開始
2月27日	政府　全国小・中・高等学校等に休校要請
3月11日	WHO 世界保健機関が世界的パンデミックを表明
3月14日	改正新型インフルエンザ等対策特別措置法施行
3月24日	東京オリンピック・パラリンピック開催延期が決定
3月29日	タレント志村けんさん新型コロナウイルス感染により死去
4月7日	7 都府県に緊急事態宣言を発令
4月16日	全道府県に緊急事態宣言を拡大発令
4月23日	女優岡江久美子さん新型コロナウイルス感染により死去
4月28日	国立感染症研究所が DNA によるウイルスの流入分析を発表
5月4日	全国に発令中の緊急事態宣言について延長を発表

　株価が世界規模で大きく急落、施策として打たれた活動や外出の自粛要請により、企業倒産が発生している。2020 年 7 月 28 日現在で関連した企業破綻は帝国データバンクの調べで 375 件に達した。飲食業が特に多いが、旅行業では負債額 350 億円余りの大型倒産も出てきている。完全な終息はだいぶ先のこととなりそうである。政府も長期戦の覚悟が必要としていることからも、今後さらに企業倒産が増えてくるものと思われる。行政から休業要請が発せられなくとも顧客自体が外出を控える状況が続くであろうからでもある。

　各国の対応はいずれも今回の新型コロナウイルス感染症に対して、経済とのバランスを保ちながらどう対応し収束させるかに終始し、状況の急激な悪化に追い付かずに、後手後手ではないかということもずいぶん騒がれた。現代では経験したことのない初めて世界規模の感染症拡大災害と言われ、経済を重視した昨今の国際環境の下では、感染症対応の限界も感じるものである。

　このような状況下では、これまでの行政や企業が行ってきたさまざまなマネジメントシステムに対して、非常にむなしさを覚えるのは筆者だけであろうか。「事業継続ガイドライン第3版解説書」の副題には、"あらゆる危機的事象を乗り越えるための戦略と対応"となっているのを改めて見た時、そして安全衛生優良企業や労働安全衛生マネジメントシステムを始めとする各種認定・認証制度を振り返った時、いったいこのような制度は、終息に向けて何ができたのだろうか、何も事業支援する手はないのか、無力さを感ずるばかりである。

　さらに、ここで言いたいのは、どの国も、この真っ最中に他の自然災害が同時に発生した場合への十分な対応策の検討まで至っていないということである。一部の自治体では、緊急事態宣言中の気象情報により避難所を開設し、入口にマスクや消毒液等を設けてはいたが、クラスターが発生するリスクは極めて高い。災害は同時多発的に発生し得る。感染症蔓延の中で、巨大地震や風水害の発生も容易に考えられる。2020年も5月に入ってようやく騒がれ始めたものの、今後、複合災害を考えてさらに検討や準備を進めなければ、一層国民の生命や企業が築いた財産が脅かされることとなろうと危惧している。特に、これまでの避難収容人数は激減し、深刻な不足事態となる。抜本的な対策が急務である。

第2章 ISO マネジメントシステムの弱点と認証特別措置

この章では、主要な ISO マネジメントシステム規格にみる「緊急事態」に関する要求事項の洗い出しとともに、自然災害に対する準備や訓練について、どのように規格が捉えているかを検証、各要素に分かれた ISO マネジメントシステムの弱点を探ってみた。

また、ISO マネジメントシステムの認証を取得している企業も少なくないことから、いざそのような事態に陥り、即刻の事業再開がままならない中で、認証に対する維持・継続の国際的措置、枠組があるのかについても紹介したい。

2－1 それぞれの規格にみる緊急事態に関する要求事項

マネジメントシステム規格は、それぞれ固有の目的を達成するために個別に作成され発行されている。多くの種類のマネジメントシステム要求事項規格が発行されているが、ここでは主要な規格として「品質」「環境」「労働安全衛生」「情報セキュリティ」「道路交通安全」「食品安全」に絞って、それぞれの規格の中で、緊急事態に関してどのような要求事項をもち構築・運用を求めているか見てみたい。

2－1－1 品質マネジメントシステム（ISO 9001: 2015）

品質マネジメントシステム要求事項規格の箇条の中には「緊急事態」に対応する直接的な要求事項はない。間接的な要求事項としては「6.1 リスク及び機会への取組み」である。強いて言えば「組織は、外部や内部の課題、利害関係者のニーズ・期待を考慮し、"望ましくない影響を防止又は

24

低減する”ために取り組む必要があるリスク及び機会を決定しなければならない」「決定したリスク及び機会への取組み、品質マネジメントシステムプロセスへの統合及び実施方法、有効性の評価方法を計画しなければならない」と要求しているにすぎない。品質のリスク及び機会と緊急事態、ましてや「自然災害」とは結びつけにくい。「感染症」に絡めるとすれば、資源となる“人々”の確保や、“プロセスの運用に関する環境”等であるが、そもそも製造やサービスを止めることや活動自粛することが前提のマネジメントではないため、結び付けにくい。ましてや規格内に要員の「健康」に関する要求の文字はない。

　「新型コロナウイルス感染症」が世界的に蔓延する中、マスク不足が大きな課題となり、国民に向けて政府が布マスクを全世帯向けに配付したが、そのマスクには、黄ばみや異物混入等多くの不良品があり、回収、再配付というニュース報道がなされた。
　詳しい背景や製造先、卸業者等の情報は省くが、品質マネジメントシステム審査を行う筆者として、このようなことは大変残念でならない。
　製造プロセスはもとより、購買、受入、出荷の各プロセスを疑わずにいられない。製造元や卸業者がどこであれ、これだけ品質管理が世界的に行き届いてきた昨今である。このような状況が見られることは本当に悲しく、また、品質管理が真に困ったときの国民の力になっていたのか、さびしい思いである。
　「Go To キャンペーン」も同様だ。国による戦略的な企てである。設計開発プロセスが適切に機能したとはとても言えない。

2−1−2　環境マネジメントシステム（ISO 14001: 2015）

　環境マネジメントシステム要求事項規格の箇条の中には「緊急事態」に対応する直接的な要求事項がある。「6.1 リスク及び機会への取組み」とは明確に箇条分けしている「8.2 緊急事態への準備及び対応」である。ただし、ここでも「環境側面、順守義務、並びに外部・内部の課題、利害関係者のニーズ・期待に関連するリスク及び機会」と繋げていて、緊急事態の

対象も「有害な環境影響」「顕在した緊急事態」としており、特定した「環境側面」を超えて「自然災害」とは結びつけにくい。

　それでも唯一、環境マネジメントシステム要求事項規格で結び付けられるとすれば、6.1.1の中で「外部の環境状態が組織に影響を与える可能性を含め、望ましくない影響を防止又は低減する」ための取組みを求め、「潜在的な緊急事態を決定」しなければならないとしている。この要求事項に対応すべく、環境が組織に影響を与える対象として「自然災害」に繋げることは容易と思われる。

　なお、ISO 14004: 2016（JIS Q 14004: 2016）「環境マネジメントシステム―実施の一般指針」では、外部の課題として「自然」を明示し、「環境事象の例には、異常気象の結果として起こる洪水があり得る」とし、また「気象情報、地質情報、（略）を考慮する」としている。さらに、「緊急事態への準備及び対応の計画を確立することは、それぞれの組織の責任である」とした上で、「計画を策定するとき、組織は、次の事項を考慮することが望ましい」とする項目のトップに「自然災害を含む、顕在する及び潜在的な外部の環境状態」を示している。

　このように見ていくと、環境マネジメントシステムに取り組む上では、組織が環境に与える影響への考慮ばかりでは不充分であり、環境が組織に与える影響の側の考慮をしていかなければならないことは明白である。「自然災害」にしろ「感染症」にしろ、この要求事項から繋げることは可能であろう。

〈環境目標に対する結果に一喜一憂するな〉

　自然環境や感染症が相手であるかぎり、必ずしもCO_2やエネルギー使用量を減らせるものではない。特に「新型コロナウイルス感染症」では、プラスティック使用は容器需要などで増大した。逆に休業した企業では、軒並み、紙・ゴミ・電気・水を減らしている。大震災によって原子力発電は減少している。洪水等では車両や資機材の廃棄量が増大している。

　このような感染症拡大、大災害発生時は、目標の達成状況に一喜一

憂せずに、事業の再構築に向かうことである。

2－1－3　労働安全衛生マネジメントシステム（ISO 45001: 2018）

　労働安全衛生マネジメントシステム要求事項規格の中では、「緊急事態」に繋げるに容易な箇条がある。たとえば「6.1.2　危険源の特定並びにリスク及び機会の評価」では、「6.1.2.1　危険源の特定」の中で「起こり得る緊急事態を考慮に入れなければならない」としている。「8.2 緊急事態への準備及び対応」で、「6.1.2.1 で特定した起こり得る緊急事態への準備及び対応のために必要なプロセスを確立し、実施し、維持しなければならない」ことを求めている。経営層を含む労働者の安全や健康を守るための規格であるから当然といえば当然である。

　なお、緊急事態の対象は、付属書 A "この規格の利用の手引" A.6.1.2.1 危険源の特定において「直ちに対応が必要な予想外又は予定外の状況」を起こり得る緊急事態とし、「たとえば、職場における機械の発火、又は職場の近隣若しくは働く人が労働関連の活動を行っている別の場所における自然災害」と例示している。また、A.8.2 緊急事態への準備及び対応では「緊急事態への準備の計画は、通常の営業時間の内でも外でも発生する、自然の、技術的な及び人為的な事象を含み得る」としている。「感染症」もその対象として含めて考えられるであろう。

　従業員の健康維持に向けた業種業態ごとの「仕事のあり方」が問われよう。「8.5 感染症対策」項で詳しく述べるが、感染症予防の徹底は喫緊の課題となった。

2－1－4　情報セキュリティーマネジメントシステム（ISO/IEC 27001: 2013）

　情報セキュリティーマネジメントシステム要求事項規格では、品質マネジメントシステム要求事項規格と同様に、直接「緊急事態」や「自然災害」に結びつける箇条は見られない。

　詳細には触れないが、我が国において、個人情報の保護に対してのマネジメントシステム要求事項規格、JIS Q 15001 がある。タイトルは「個人情報保護マネジメントシステム―要求事項―」である。この規格は対応する国際規格はない。最新版は 2017 年版となっている。よく"プライバシーマーク（Pマーク）"と呼ばれる、認証を得る際に基準となる規格である。国内で一般個人を相手に商売する多くの企業が認証取得し、ホームページ等で公表している。

　しかし、はたして緊急事態が発生した時には、どこまで個人情報保護が必要なのだろうか。個人名のみならず居住地、家族構成、勤務先、クレジットカード番号等々さまざまに個人が保有するデータがあるが、基本的にはどのような場面でも保護されるのが原則ではあろう。

　ただし「新型コロナウイルス感染症」といった特定感染症等の拡大に際しては、その拡大阻止のため、いち早く個人を特定し、行動履歴を確認する、及ぼす影響の内容によっては、それを公表せざるを得ない状況ともなる。中には情報を提供しない感染者もいたようであるが、やがては、充分に議論された上での明確な基準づくりが必要かもしれない。

　ちなみに、特定感染症の場合、検査結果が陽性となって感染が確認された時点で、自宅または入院先に所轄保健所の保健師がマスク・手袋・フェースシールドによる防御した姿で訪問し、他の市民の安全を守るために、発症前 14 日間の行動履歴等を約 1 時間にわたって聞き取るという。公表の程度はいろいろのようだ。

　国内感染者がまだわずかな頃の感染者の情報開示と、拡大が進んでいった中での感染者の情報開示では、大きな隔たりが生じ、後半ではほとんど行動履歴がつかめない、わからない、または開示されない状況となった。もっとも、一部ホームページ上に誤って感染者の個人名等をアップしてしまった役所があったり、特定個人の行動履歴を必要以上に追跡する SNS 上の行為が見られたりと、適切さを欠く状況が数多く見られたのも事実である。

　企業名の公表も同様だ。拡大初期には店舗名の公表がなされたものの、緊急事態宣言解除後のクラスター発生では、店舗名の公表は一部を除きほぼ皆無である。情報公開基準の策定が急がれる。

　ここでもマネジメントシステム審査員として、むなしさを感じたものである。

　なお、コロナ禍により今後、新しい社会および生活様式に変わっていく中では、ますます ICT 化が進み、情報マネジメントは今まで関心のなかった企業を含め、一層求められよう。テレワークやリモートによる業務が定着していくのは間違いなさそうだ。変革のなかで要求事項も変わっていくに違いない。

2−1−5　道路交通安全マネジメントシステム（ISO 39001: 2012）

　道路交通安全マネジメントシステム要求事項規格では、「6.1 一般」で「現在の RTS パフォーマンスをレビューし、リスク及び機会を明確にし」とし RTS ＝道路交通安全の範疇でのリスク及び機会の結び付けとしていることから、「自然災害」とは結びつけにくい。「8.2　緊急事態への準備及び対応」においても、「RTS への有害な影響を予防又は緩和しなければならない」として「RTS」の緊急事態の範囲の枠を超える要求事項となっているとは言い難い。

　せいぜい、災害時の運行管理上の配慮や道路事情を考慮したルートの検討、確保につなげるくらいであろうか。発災前に手を打つといったところまで言及するのは容易ではない。

　「感染症」については運行管理の上での乗務員の健康管理と繋げることができよう。外出自粛下においては、食料品を始めとして物流の機会やその規模は増大したことから、ドライバーが不足している中でどう安全運行管理したか、またどうドライバーが感染しないよう、ソーシャルディスタンスを確保したか等が規格要求事項に繋がる課題となろう。

　これまで、死亡交通事故を減らすために、さまざまな施策が打たれてきたが、奇しくも、感染症拡大下では死亡交通事故が激減している。外出自粛やソーシャルディスタンスが功を奏したのであろう。

2−1−6　食品安全マネジメントシステム（ISO 22000: 2018）

　食品安全マネジメントシステム要求事項規格では、「8.4 緊急事態への準備及び対応」で一部「自然災害」と繋げることができる。「トップマネジメントは、食品安全に影響を与える可能性があり、またフードチェーンに

おける組織の役割に関連する潜在的緊急事態又はインシデントに対応するための手順が確立していることを確実にしなければならない」とし、処理として「緊急事態又はインシデント及び潜在的な食品安全への影響の度合いに応じて、緊急事態のもたらす影響を低減する処置をとる」ことが求められている。そして、当該箇条の注記に「（略）緊急事態の例は、自然災害、環境事故、バイオテロ…（略）などの不可欠なサービスの中断である」としている。

　自然災害を想定した準備は、規格要求事項を満たすために必須である。

　「感染症」に関しても、食品の安全提供と、従業員の健康管理の観点で繋げて考えることができるであろう。

2-2　規格は所詮、縦割れでつくられている

　このように見てきて改めて言えることは、マネジメントシステム要求事項規格は、あくまでもその要素に沿って作られており[※a]、複合的な使用については、あくまでも利用者である企業側が考えることとしているということである。

　唯一、複数の要求事項規格に対して、規格の「共通構造」「共通テキスト」「共通用語及び定義」として整合が図られたものとして、ISO/TMB（技術管理評議会）の中に設置された「JTCG（合同技術調整グループ）」が2006年〜2011年にかけて審議し策定し、2012年に決議された俗にいう「付属書 SL/HLS」がある。それぞれの要求事項規格を策定・審議するエキスパートのために作られているガイドブック「ISO/IEC 専用業務指針統合版 ISO 補足指針」にある「付属書 SL/HLS[※b]」である。しかし、これはあくまでも規格の構造と、共通する要求事項、共通する用語と定義の標準化を勧めるための鏡となる参考文書であって、個々の要求事項規格を統合

※a　少し古いデータであるが2017年3月現在、ISO の中に置かれた「TC（専門技術委員会）*一部 PC（プロジェクト委員会）を含む」は、263に上る。業務終了等で解散した TC は含めておらず、2017年4月以降に発足した TC や PC もあることから、数はさらに多い。

化させる鏡となるものではない。

　将来「災害対応マネジメントシステム」というような「災害」に特化したマネジメントシステム要求事項規格※cができ、発行されれば別であるし、または各要求事項規格の中で、「災害対応」に関する要求事項が個々に加えられれば別であるが、現時点では、そのような要求事項規格はないし、統合される計画もない。自ら「将来の災害」に向け、「防災・減災」のための取り組みと、被害を最小限にとどめるための手順を構築し、可視化する必要がある。

　今回、筆者は改めてISOマネジメントシステム規格の要求事項、付属書、解説文等に「感染症」が触れられていないか検証したが、いずれの規格についても直接触れているものはなかった。

　規格策定専門家の間でも、感染症は想定外だったのであろうか。

2−3　規格が要求する「リスク及び機会」に自然災害を取り上げている企業は少ない

　IRレポートやCSR報告書、環境報告書等では「自然災害」を重大リスクとして取り上げている企業も、こと「マネジメントシステム」となると規格要求に「リスク及び機会を特定し」とあるものの、「自然災害」を取り上げていない。「感染症」は、なおさらである。

　私見であるが、リスクとはあらゆる心配事（安心安全を阻害するあらゆる事象）の総称と言ってよいと考える。その心配事をいかに想像し事業活動とどう結び付けるか考えるところから始まると言える。

※b　マネジメントシステム上位構造・共通テキスト・共通用語＆定義「付属書SL」は、改正作業が進行中であり、2021年に開催される「ISO技術管理評議会」の承認を経て、新たに「付属書L」となって発行されている。

※c　国際的には、地震や風水害、火山噴火等の自然災害を主体とした「防災・減災」に関する直接的な要求事項規格はなく、米国が同時多発テロをきっかけとして「社会セキュリティ」の要求事項標準化を提案したことから動き出した「事業継続」「緊急事態管理」に関わる要求事項規格は、すでに策定され発行されている。また「防災・減災」に関連するいくつかの規格は策定途上である。第7章を参照されたい。

「自然災害」を重大リスクとして特定し、準備し十分な対策を取らなければ、それぞれのマネジメントシステムさえ成り立たないことを認識したいものである。

「感染症」についても同じことが言える。すでに充分感じているであろう。

2−4　ISO 9001 や ISO 14001 などを認証取得していた優良企業も倒産している

どんなに品質の良い製品、高度なサービスを提供していても、どんなに地球環境に負荷をかけまいと省エネに努めても、情報セキュリティに取り組み情報管理を徹底しても、大地震や津波、暴風雨の中では無力である。東日本大震災や熊本地震、2019 年の台風 15 号や 19 号等々では、多くの人命が失われただけでなく、多くの企業が倒産に至り、また倒産に至らずとも苦しい経営が続いている企業は数知れない。ISO 9001 や ISO 14001 などを永く認証してきていた企業においても例外ではない。事業停止を余儀なくされ、中には倒産の憂き目にあった企業も少なくない。

自らは被災しなくとも、サプライヤーから部品や商材を得られずにその目にあった企業も少なからずあると容易に想像できる。

「感染症」の拡大下でも、同様である。

2−5　認証継続のための特別措置について

各国の ISO マネジメントシステム認定機関の国際的な集まりである「IAF（国際認定機関フォーラム）」から、2011 年 11 月 25 日付で、ひとつの文書が発行されている。IAF からは、マネジメントシステム認証可否を決定する認証機関に対して、その資格を付与する際の認定に向けた基準文書がいくつも発行されているが、この日付で発行された文書は、「認定機関、適合性評価機関及び認証された組織に影響を及ぼす非常事態又は特殊な状況の管理に関する IAF 参考文書」（IAF ID3: 2011）である。

ざっくり言えば、非常事態や特殊な状況におかれた場合、認証機関から認証を得ている企業に対して、どうその認証を管理すれば、一定の信頼性

を担保した状態と言えるかについて考え方を表した文書である。水面下では検討されていた文書であるが、発行は奇しくも2011年3月11日に発生した東日本大震災と同じ年であった。

　非常事態、特殊な状況の定義として、「組織の統制を超えた状況で、通常"不可抗力"又は"天災"と言われる。例として、戦争、ストライキ、暴動、政情不安、地理的・政治的緊張、テロ、犯罪、パンデミック、洪水、地震、悪意のあるコンピュータハッキング、その他の天災又は人災」としている。

　このような事態が発生した場合には、すでに与えている認証に対して、一定の条件を満たしていることを前提として、サーベイランス審査や再認証審査の期限を延長でき、それまで現認証を有効とするというものである。

　甚大な被害をもたらす災害に直面し、被災した企業にとっては、事業再開まで日数がかかるばかりでなく、マネジメントシステム運用の実績を証明する文書や記録の一切を失っていることがある。

　個人でいえば自動車免許証を津波に流され紛失したような場合、法律の枠組みを超えて一定期間再発行されるまでの間、運転して良いとする処置がとられるのと同様に、マネジメントシステム認証もそのような例外処置が取られる。

　実際に、東日本大震災の際、筆者が所属する審査機関でも、一定の条件下で審査の延期や、有効期限の延長をしたケースが複数あった。

　もちろん、このような特別措置はそれぞれの決定された審査機関の考えに基づく管理下ででき得ることである。被災した組織ごとに個別の判断となるが、このよう特別措置が取られるということを知っておいても良い。

　本書執筆中に発生した「新型コロナウイルス感染症」もその感染拡大で、本規定が適用されることとなった。公益財団法人日本適合性認定協会から2020年2月25日付で発出された。

公益財団法人日本適合性認定協会ホームページより

イベント持続可能性マネジメントシステム（ISO 20121）について

ISO が発行しているマネジメントシステム要求事項規格には、「イベント持続可能性マネジメントシステム」と名称がついた「ISO 20121」があり、2012 年 6 月に発行されている。国内においては JIS 化には至っていないが、和英邦訳版が発刊されている。

この規格は、大規模イベントを計画し開催するのにあたり、環境や社会問題等をいかに配慮し、イベント目的を果たすかを念頭に、持続させるイベントのあり方を模索、マネジメントシステム（PDCA サイクル）を使って運用させるために策定された国際基準である。

「新型コロナウイルス感染症」の世界的拡大の影響を受けて、2020 年夏に計画されていた 2020 東京オリンピック・パラリンピック競技大会が延期決定されたが、その延期決定に至るプロセスにおいては、通常開催か延期か中止かで、ずいぶんと右往左往したものである。利害関係が強く絡む現在の大型スポーツイベントは、今後も巨大災害や感染症発生の都度、開催議論が生ずるであろう。

2020 東京オリンピック・パラリンピック競技大会では、当該組織委員会が認証機関のひとつである BSI（英国規格協会）から ISO 20121: 2012 イベント持続可能性マネジメントシステム認証を 2019 年に取得している。相応の費用がかかっていると思われるが、今回のような緊急事態が発生した場合に、どのように動くべきかのマネジメントに乏しいことは、マネジメントシステム認証に携わる筆者としてもとても残念である。

審査現場でよく見られる事象

この章では、実際に審査の現場でよく見られるいくつかの事象について、有効性の観点から触れた内容である。個々に「指摘事項事例」や「観察事項事例」として表してみた。業種や規模等、具体的な情報は明示していないが、自らのこととしてイメージして捉えていただくと良い。"改善の余地あり"と"良好な点"とを記載しているが、互いは状況の裏返し通しである。工夫しなければ改善の余地となるであろうし、ちょっと工夫すれば良好な点として評価されるであろう。決して審査のために改善を推奨し、あるいは高く評価されることを狙ってほしい訳ではないが、実際に有効ではないことは改善してほしいし、有効であるという状況を目指してほしいものである。

3−1　本気になっていない緊急事態の"特定"

3−1−1　規格に該当しない緊急事態は扱わない？

> 観察事項〜改善の余地事例
>
> 　組織は、食中毒を想定した訓練や、アレルギーを持っているお客様に普通食を提供してしまった場合の対応訓練、さらに火災を想定した避難・誘導訓練等が行われていますが、取り組んでいる環境マネジメントシステムにおいて、それらは緊急事態とは扱わずその活動は引用されていません。自然環境に影響しないためとしていますが、いざ発生すれば、環境に負荷を与えることに繋がると思われます。環境マネジメントシステムとしても、事業プロセスとの統合を考慮し、そのよ

うな事業上発生する可能性がある緊急事態はマネジメントシステムの
緊急事態として幅広く結びつけ、繋げることが期待されます。

多くの企業では、取り組んでいる当該マネジメントシステムの要求事項
に対して最低限規格を満たすように構築し、運用しているために、要求事
項を越えず、または事業プロセスの中で行っている活動を当該マネジメン
トシステムと繋げずに別物として扱っていることがよく見られる。品質で
は、製品・サービス品質に影響ある事項のみ、環境では、公害に繋がる緊
急事態のみ、情報セキュリティでは、情報に関するリスクのみといった具
合である。あるホテルでの審査では、環境マネジメントシステムの登録継
続に向け、薬剤や廃油漏洩等、環境に関わる緊急事態は特定し、取り組ん
でいたが、当該マネジメントシステムの中に、食中毒やアレルギー対策、
火災に対する訓練等については触れていなかった。

当該マネジメントシステムの領域を越えて、事業活動の中で起こりうる
緊急事態を引用して繋げている場合は、以下で示すように審査で高く評価
することもある。

観察事項～良好事例

組織は、品質マネジメントシステムの登録を受けていますが、マ
ニュアルのタイトルから品質を外し“事業マネジメントマニュアル”
とし、当該要求事項に限定せずに、環境に関する取組みや労働安全衛
生に関する取組み等、さまざまに社内で活動している側面を引用して
構築し直していました。たとえば、火災や爆発、化学物質管理、メディ
ア対応等幅広く手順書を策定し、それらを引用し、ひとつのマネジメ
ントシステムマニュアルとして構築させたことは、規格の意図である
事業プロセスとの統合という観点からも高く評価できます。

3-1-2 何が緊急事態なのかまったく不明？

指摘事項事例

規格は、「環境マネジメントシステムの適用範囲の中で、(略)、潜

在的な緊急事態を決定しなければならない」としています。組織がマネジメントシステムの上位文書として策定した環境マニュアルでは、規格要求事項の文言はそのまま引用されていますが、何が組織にとっての緊急事態なのか、その特定がなく不明確となっています。また環境側面抽出や環境影響評価表、著しい環境側面一覧においても、緊急事態は明示されていません。

　企業によっては、緊急事態が具体的に何なのか、マネジメントシステムの文書の中で明確になっていない状況が見られる。何が緊急事態なのか確認すると、自然環境に影響を及ぼす緊急事態はないとし、主に事務系、営業系の企業、部門、サイトでそのような解釈が見られる。

　確かに、あるビルに賃貸で入居し活動している企業や、紙・ごみ・電気以外に、これといった環境側面がないという組織、部門、サイトでは、直接自然環境に影響を及ぼす緊急事態はないとも言える。

　しかし、たとえば、自ら火災を発生させたなら環境に影響を及ぼすのではないか。火災はどの企業でも起こりうる事象である。

　さらに ISO 14001: 2015 規格では、「外部の環境状態が組織に影響を与える可能性を含め、望ましくない影響を防止又は低減する」ことを求めるとともに、同規格附属書 A では、「潜在的な緊急事態（たとえば、火災、化学物質の漏えい、悪天候）を決定するとき、組織は、近接した施設で緊急事態が発生する可能性を考慮することが望ましい」としている。また、日本語版解説では、「"緊急事態"には、環境に影響を与えなくとも、EMS に関連して組織に影響を与えるような事態を含み得ることを意図している」とまで言及している。

　最寄りで地震や風水害が発生すれば、被災の有無や被災規模の大小はあろうが、企業に何らかの影響を与えよう。また近隣で火災が発生すれば、その影響を受けるかもしれない。そのような外部環境が企業に与える影響としての緊急事態も、事業リスクとして特定する必要がある。

　逆に、緊急事態について、よく特定している企業も見られる。

　組織は、マネジメントシステムの中で緊急事態をさまざまに想定し、その内容は多岐に渡っていました。事業上の関連として「重油漏洩」「化学薬品爆発」にとどめず、自然災害関連として「地震」「風水害」「災害に伴う停電」、さらに「企業内不祥事」まで加えています。ひとつひとつの事象について、さらなるリアルな具体的想定は期待するところですが、事業プロセスと統合した緊急事態の特定という点については高く評価できます。

3−2　本気になっていない緊急事態の"準備"

3−2−1　緊急時手順書や SDS は総務の書棚保管？

　組織は、緊急事態として"震度6以上の地震"を想定して、「緊急時装置停止手順」「劇毒物管理手順」「避難手順」「防災備蓄品管理手順」等を作成しているとともに、万一の場合の"SDS（安全データシート）"も整理し閲覧できるよう管理されています。しかし、手順書は総務の書庫にしまわれていたり、安全データシートは停電時に見ることができないパソコン管理であったりと、緊急時に発生した現場ですぐに閲覧したり活用したりすることができない状況となっています。

　準備している、用意していつでも閲覧できるようにしている……と応える企業は多い。しかしよく聞いてみると上記で示したように、必ずしも実際に発災し対処しなければならなくなった時に、すぐにその場で有効に機能しない状態となっていることがしばしば見られるのが実態である。

　組織は、緊急事態に備えて「対応フローチャート」が作成され、当該事態が発生する場所にフィルム化させて掲示していました。また絵を多用し、文字も離れたところから視認できるよう大文字・太字にし、

注目箇所はカラーで示す等、発災した"その時"を考えた配慮がされています。ちなみに、これらの配慮は、これまでのたび重ねた訓練で、参加者から出された声を活かした結果であるということであり、いずれも高く評価できます。

　文字ばかりの手順書やフロー図は、実際には非常に見にくく、いざという時に内容確認するのに時間を要してしまう。また年配者が多い職場では、細かい字は読めないということも良く見られる。可視化に際してちょっとした工夫が、1分1秒を争う時に実に重要になってくるものである。

　上記で示したように、訓練では多くの参加者に現状否定の発想、意見を出させることによって、改善が図られる。いつもの決まったメンバーでの、問題点を見出さないような訓練では、有効性は向上しない。

3-2-2　緊急時用備品はすぐに使えない？

　観察事項～改善の余地事例

　本工場では、緊急事態として「油の流出」をそのひとつとして特定し、流出した場合の対応備品として、吸着マット、土嚢、手袋、手順フロー等を準備し、保管していますが、保管場所はその設備から離れた、別棟倉庫となっており、それも一番近い入り口は鍵がかかった状態でした。緊急時に使用する備品は、すぐにその発災場所で使える状態にあることが期待されます。

　観察事項～改善の余地事例

　大地震時の帰宅困難従業員向けに、乾パンや飲料水が備蓄されていますが、一般倉庫の一部を使用していることから、今日確認した時点で、いちばん奥に追いやられ、手前に機材や他の備品が積まれてしまっていて、すぐに取り出せない状況となっていました。

　いざという時に、やはりすぐに対応できない状況が、このような点でも見られる。最短距離化、最短時間化を絶えず考えることが重要である。

　組織は、大地震等の発生時、条例に応えて従業員を帰宅させないことを前提として災害備蓄品を購入しその時に備えていますが、すべての食品や飲料を一か所にまとめず、従業員ひとりひとりの分を机の下に置かせています。「自分の分、自分のことは自分自身で」を合言葉としていました。その上でさらに追加分を何か所かに分散させて保管していました。

　この事例は、最短距離化、最短時間化を追求した結果であろう。現在では、多くの防災用品メーカーから従業員用のオフィス向け非常用品セットが販売されている。長期の避難対応には抜本的に量が足りないが、一時的な量としては十分である。ちなみに筆者のデスク下にもあり、以下のものがA4サイズでちょっと分厚いファイル並みの大きさのケースに入っている。内容は以下のものである。

　アルファ化米2袋、発熱材2袋、発熱専用加熱袋1袋、備蓄用保存水（500ml）2本、プレーンクッキー（2本）1袋、セーフティライト（30分）1本、同（12時間）1本、コインナプキン4個、ペーパー歯磨き2包、ポケットティッシュ1個、非常用トイレ（便袋）2枚、アルミブランケットシート1個、ウィルス不活化マスク1枚、滑り止め付き軍手1双、ホイッスル1個、ナップサック1個

㈱レスキューナウ社防災緊急キッド

3−2−3　緊急時の連絡網は昔のまま？

　組織は、火災発生に備えて「緊急時連絡網」を作成し、事務所内や工場壁面に貼り出していますが、すでに内容は古くなっていて、以前の部門や以前の携帯電話番号となっています。常に最新の情報で更新しておかない限り、いざという時に活用できないと言えます。

　審査でもっとも驚いたのは、壁に貼ってあった「緊急時連絡網」が数年前のもので、すでに人も半数入れ替わり、連絡先電話も現在いる人でさえ、ほぼ変わってしまっていたことである。これでは「緊急時連絡網」とは言わない。

　今や人事異動は日常的にある企業も少なくなく、また手元携帯電話は、3年に一度程度で変える人が多いものである。2013年ごろから、番号ポータビリティ（持ち運び）制度により、番号は変えずに機種変更、携帯会社変更できるようになったため、携帯を変えるたびに番号が変わるということは少なくなったが、それでも中には番号が変わって未申告の人もいるであろう。ある程度のスパンで確認し合うことが重要である。

　なお、家庭の固定電話を連絡先としている場合、可能であれば携帯番号を併記しておくことである。自宅は不在のことも多く、現在では圧倒的に携帯電話の方が、安否確認等において有用である。

　個人情報保護を盾に携帯電話番号を開示しない従業員もいると思われるが、真の緊急事態時のためにメールアドレス等、何らかの方法でアクセスできるよう求めたいものである。どうしても理解が得られないような場合は、連絡網での連絡順位をラストにせざるを得ないかもしれない。

観察事項～良好事例
緊急事態に備えた組織の「緊急連絡先一覧」は、これまでは上位職者を中心とした全社版の、連絡順を主体としたものであったが、それを根本的に見直し、各現場、各職域で権限を委譲された者の連絡先に留め、それ以上の上位職者への連絡は事後で良いことを明確化させ、かつ設備業者や修理業者、緊急仕入先等を整理し直して、一覧に加えていました。緊急時の慌てた状況下で活用することを考慮したものになっています。

　緊急時は慌てるものである。また即時対応するために、誰に判断を仰ぐべきか迷うものである。最初に現場に遠い上位職に連絡したところで、すぐに回答が得られるとは限らない。企業ごとに事情は異なるであろうから一概には言えないが、上記に示したような手順を有している企業もあると

いうことである。

3−3　本気になっていない緊急事態の"訓練"

3−3−1　朝一番、いつもの顔ぶれ、いつもの手順で？

> **観察事項～改善の余地事例**
>
> 　これまでの訓練では、訓練日時イコール発災日時としており、始業前の30分間で行われてきていました。また参加者は内勤者のみであり、顔触れはほぼ一緒でした。手順もここ数年変わらず、記録においても"前回同様"となっていました。
>
> 　可能であれば、発災日時は別想定とし、たとえ訓練日時が6月某日午前8時半であっても、発災は2月の大雪降る夕方4時、来客が多い時間帯というように、いろいろな想定をして訓練してみることが期待されます。また外勤者の参加、違った顔触れでの訓練、手順（避難方向等）も変えてみることで、有効な経験が各自に蓄積されていくと推察できます。記録も都度その回の特徴的な好事例、失敗事例等を加えることで、緊急対応ノウハウ集になる可能性も秘めています。

　ほとんどの企業の訓練で具体的な発災、被災想定がなされていなかったり、欠落していたりする状況が見られる。詳細は幾か所かで後述するが、いろいろなケースを想定して訓練し、反省を繰り返した分だけ、助かる確率が高まると筆者は強く思っている。

> **観察事項～良好事例**
>
> 　当該店舗では、火災訓練を3カ月ごとに実施していました。毎回発火源（出火元）を、発生する可能性と被害の大きさに応じて、さまざまなフロア、売り場でと設定し、その日時、時間、天候、風向き、来店客数等々詳細に想定し、その場その場の売り子がどう動けるか、最寄りの消火器や消火栓の場所確認から、通報～誘導～屋外避難まで可能な限りの出勤者で役割分担し行っていました。特に日によって異な

42

る売り場配置に従って、消火栓が火元に届くか否か、それによっては売り場レイアウトに考慮が必要かどうか等も、検討されています。評価できます。

消火器の使用訓練は行われていても、訓練用に用意された水消火器を使うため、実際に消火器がある場所を知らないとか、消火栓についても自衛消防隊の消火班の人しか知らないとか、訓練用で1箇所引っ張り出すが、いつも同じ箇所しか使わず、他は扉を開けてみたことさえないといった状況も見られる。

消火栓を設置した時以降レイアウト変更していたり、いつも以上に荷受品や出荷品が多かったりしている時などは、必ずしもホースが十分に伸ばせない可能性もある。当然であるが、消火するには"炎"そのものに当てても消せない。"火元"に十分水量を当ててこそ消せるのである。火元に水は十分届くであろうか。

3−3−2 にこにこ訓練、お願い訓練？

> **観察事項〜改善の余地事例**
>
> 　事務局の求めに応じて、各部門から最低2名ずつは参加することが規定されており、現場インタビューでは"やむなく仕事の手を止めての参加となっている"との声が聴かれました。また訓練の記録では訓練時の参加者の写真がいくつか添付されていましたが、緊張感なく行われている状況が窺えました。真顔を求めるものではありませんが、さまざまな工夫（被災状況を想像させるとか、現実味を出す等）によっては、緊張感ある訓練へと進展できるものと期待されます。

訓練は、発災・被災状況を想像することが重要である。いつも訓練に参加している人が、発災・被災時には不在、ということが当然あり得る。皆で参画すること、難しければ交代で参画させることである。そして、いろいろな役目をさせるとか、連絡は誰でもできるようにしておくことが重要である。

また真剣な訓練にさせるには、発災時の状況をいかにリアルに想像させるかである。20人が一斉に1m幅の扉出口に集中したらどうなるか、通常使用している出入口が塞がったらどうするか等、その時の状況をイメージさせることである。

観察事項～良好事例

当該施設では、定期的かつ抜き打ちで頻繁に「シェイクアウト訓練」を工場内で行っています。また時間設定や訓練内容も多岐に及び、毎回かなりリアルな想定下で、その時々の出勤者で指揮者を決め行っていることを動画で確認しました。いつどのような状況下で訓練するか、一部の従業員しか知らされない中で、その時の従業員によっての判断も多く、緊張感を保った訓練となっており高く評価できます。

シェイクアウト訓練とは、今いる場所で地震から命を守るために、一斉に3つの安全行動（すぐに姿勢を低くし、頭や首を守り、じっとする）をとる訓練を言う。

このような訓練が繰り返し行われている企業もあるのである。

3-3-3　足腰悪い人は訓練に参加しなくていい？

観察事項～改善の余地事例

当該工場では、近隣要望に応え、身体障がい者を多く採用し、工程の一部を任せられる程育ってきている状況が窺えました。しかし、年に2回行っている避難訓練では、その従業員は参加なく、健常者のみで行われています。実際の緊急時には、障がいを有する従業員も避難させる必要がありますので、訓練においても加わっていただき、その障がいに応じた動きの確認をしておくことで、避難の有効性が確認できるものと推察できます。たとえば車いすでの避難、足腰が悪い人のゆっくり誘導による避難時の問題点の抽出等です。

障がいの程度や、働いている職場によっても訓練内容は異なると思われるが、とにかく参加させることである。そうすることで実際の発災時にす

べき支援内容も見えてくると思われる。また訓練に加わってもらうことで、自ら行動できる程度が見えたり、通路幅や日常的整頓の改善も見えたりするものである。

> **観察事項～良好事例**
>
> 　当該事業所では、早くから障がい者雇用に積極的であり、かつ健常者を含めた平均年齢も 60 歳代前半と、高齢者によって支えられています。日常から車いす移動の通路幅を確保するとともに、障がい者用トイレの整備やエレベータの設置を推し進めてきています。先般の避難訓練では、停電時を想定しての訓練が行われ、反省会でエレベータが使えないことを問題視し、階段に手動の簡易昇降椅子をつける改善案が出ていました。実際に車いすを押しての訓練の中で気づけた改善策のようであり、訓練の有効性について高く評価できます。

ここで示す事例のように、場合によっては責任者による積極的な投資が必要となる場合も考えられる。

他に、意外と行われていない訓練として、以下があげられる。

・人々がデスク上で、またはテーブルを囲んでの訓練

訓練と言うと、参加者が集合して、避難するとか消火器の扱いをしてみるとかいった体を動かす訓練ばかり考えがちである。自らのデスクで行うとか、皆でテーブルを囲んで頭を働かせる訓練は、ほとんどといって良いほど行われていない。詳細は後述するが、非常に多くのことを学べる訓練方法である。

・暗くなってからの訓練、または停電時を想定した訓練

同じく多くの訓練で言えることだが、訓練といえば日中に行っているのではなかろうか。暗くなってから行ってみるとか、さらに、その状況下で停電を想定して工場や事務所内の電灯を落として行ってみるとかしている企業は、筆者も数社しか知らない。周りが見えているのと見えていないのとでは大違いである。

・夜中、または休日の訓練

ましてや深夜時間帯や休日を使って訓練を行っている企業は、皆無かも

しれない。筆者が得た情報では、2019年の台風19号の際に、訓練ではなく、実際の企業休日の深夜に、トップが自ら携帯を通じて安否確認や指示を飛ばしたというのを聞いたぐらいである。

Take a break ①　いつもの訓練の泣き所

〈その１〉社内自衛消防隊組織図は、発災時に有効か

　企業ごとにその事業所内で「自衛消防隊組織」を策定し、地震や火災の発生時に向けて緊急連絡先や指揮命令系統を明示している状況を多く見かける。その中には、「通報班」や「消火班」「避難誘導班」「救助班」等を決め、誰がその役割につくかも明確化している。それ自体を否定するものではない。しかしよくよく考えてみると、実際にそのような緊急事態が発生した時に、有効に機能するのか疑問に感じる場合が少なくない。たとえば、その日その時に、指揮をする上位職者がいるとは限らない。役割分担したそれらの人が出勤しているとも限らない。緊急連絡先に連絡がつくとは限らない。等である。通報班担当者がいないから通報しない？消火班担当者がいないから消火しない？誰もがいつどこでその事態に出くわしても、通報できなければならないし、初期消火が可能かどうかを判断して、消火器を扱えなければならない。それなのに役割分担を超えた訓練が行われている企業は、多くない。

〈その２〉いつもの避難場所が今日は使えないかも？

　施設内の避難場所はここ！と定めている企業が多い。これもまた疑問である。その緊急事態によっては、その避難場所が使えないことがある。風向きによっては危険であったり、そもそも出火場所がどこであるかによっては、避難方向は異なってきたりする。ましてや、その日に限ってその避難場所がイベント等によって使用されていて多くの設備、器材、人々によって埋め尽くされているかもしれない。ということは、つまり避難場所は複数予定し、発災時点で柔軟に決定できるように、もっと言えば"津波てんでんこ"と言われるように、個々の判断で逃げることができるようにしておくことが必要ではなかろうか。それぞれがそれぞれにベストを尽くし、自分の命を自分で守る行動をとらせることを徹底して理解させておくことが重要かもしれない。

〈その3〉感染症が拡がっているから訓練はとりやめ？

　感染症拡大期には、訓練を中止する企業が多いのではなかろうか。確かに、これまで通りの訓練は密になりがちであり、感染リスクが高いかもしれない。しかし、災害はいつ発生するかわからない。感染症防止対策をとった訓練をむしろ行っておく必要はないだろうか。

自然災害の種類と昨今の大災害、今後の発生可能性

第4章

この章では、今一度自然災害について学び直してみたい。その種類とともに、昨今甚大な被害をもたらした災害、そして今後考えられている大災害の発生可能性について触れてみたい。

4−1　自然災害の種類

災害対策基本法では、自然災害について以下のように定義している。

> （災害の定義）　暴風、竜巻、豪雨、豪雪、洪水、崖崩れ、土石流、高潮、地震、津波、噴火、地滑りその他の異常な自然現象又は大規模な火事若しくは爆発その他その及ぼす被害の程度においてこれらに類する政令で定める原因により生ずる被害をいう。

それでは災害についてどのような事象を言うのか、またその事象により起こり得る二次的災害はどのようなものか、さらに気象庁からはどのような情報が発表されるのか見てみよう。

4−1−1　地震

言うまでもないが、地震動のことを言い、地下深くの岩盤内の岩石が断層面でずれ動き、破壊され合うことで生ずる振動そのものである。世界中で発生するマグニチュード 6.0 以上の大地震の、約２割が我が国で発生しているという。

[地震により起こり得る災害]

特に大地震により起こり得る災害としては、以下が挙げられる。

建築物、土木構造物の倒壊	木造に限らず地盤によっては鉄筋コンクリート造も倒壊する。重要建造物や史跡等の滅失もあり得る。
広域火災の発生と火災旋風	地震発生時の火災に限らず事後の通電火災もあり得る。気流の発生状況では竜巻状にもなる。
地すべり、がけ崩れ	自然斜面だけでなく人工斜面でも起こる。
山岳崩壊、岩屑なだれ	山そのものの崩壊や伴う岩石くずにも発展し得る。
液状化	固い地盤でも液状化し激しい起伏が発生する。
長周期地震動	高層ビルでは震源から離れていても長く大きく揺れ動く。揺れ幅が4〜6メートルにもなり得る。
危険物の流出、汚染	倒壊等によって化学物質や発火物が流れ出たり、汚染したりする。アスベストやPCBも例外ではない
津波	ビル4階の高さに達することも。河川を数十キロ遡上することもある。

　このわずか数年間で、直下型による建造物倒壊、海溝型による巨大津波、震度7の連続発生、山肌崩壊等々、さまざまな形態、形容の大地震が発生している。

［気象庁から発表される情報］

　気象庁では、地震に関して以下の情報を発信している。

発生前	「緊急地震速報（警報）」「緊急地震速報」「緊急地震速報（予報）」
発生後	「震度速報」「震源に関する情報」「震源・震度に関する情報」「各地の震度に関する情報」他

詳しくは気象庁のホームページ等を参照されたい。

巨大地震をイメージしよう

〈震度7ってどんな状況になる？〉

①置いてある物が宙を飛ぶ

②支えのないものは容易に倒れ、ドアや階段の近くにあれば塞ぐ

③高い所にある物は、重量があってもずれたり落ちたりする

④ずれた天板が落ちる、ぶら下がっている物は落ちるか天井や壁面とぶつ

かり合う

⑤液体はあふれ飛び散る、湯沸かし室のポットは倒れやかんは落ちる

⑥中・高層階ではデスクや複写機、ロッカーや自動販売機も床を走る

⑦ガラスが割れ、飛散する

⑧道路に周辺ビルの割れた窓ガラスや壁面が落下する

〈大規模火災が発生するとどうなる？〉

①温度は200℃を超え、容易に燃え移っていく

②温度で呼吸ができず、少量の吸い込みでも器官が焼ける

③煙で呼吸ができず、わずかな吸い込みで気を失う

④火や煙が充満した部屋では、ドアを少し開けただけで火災爆発が起こる

⑤火災旋風が発生すると、近くの物は吹き寄せられ巻き上がる

Take a break ②　全国から飲料ペットボトルが消える？

　ミネラルウォーターの国内生産量は2018年データで約366万KL。単純に考えれば1日あたり1万KL。これだけの生産量があり、かつ各家庭や企業でひとりあたり3日分9Lの備蓄をしていれば、充分であろう…というのは、どうも怪しいらしい。用意していない家庭や企業も多く、発災してから一気に購入に走れば、たちまち売り場や自動販売機から消えていく。緊急事態時に無料で提供される"ライフライン対応自動販売機"があるが、パニック下においては、人々に行き渡らず、一部の心ない人々によって消費されてしまうことも考えられる。被災状況が大きければ、被災者も多くなるので、全国から被災地へミネラルウォーターを供給することとなり、全国各地でペットボトルが品薄になるばかりか無くなることも考えられる。

　2020年に「新型コロナウイルス感染症」拡大を受け、全国の小売店からマスクや消毒液、ベビー用ガーゼハンカチ、紙製品全般まであっという間に消えたように、飲料が全国から消えることも決して想定外のことではないようだ。

4−1−2　津波

　津波といえば、東日本大震災時のテレビ等で報道された映像が脳裏に焼き付いている人が多いのではなかろうか。しかし過去を遡ると、我が国で

は実に多くの巨大津波が起きている。津波は、巨大地震によるものだけではないことをご存じだろうか。

津波地震	地震の規模は小さくとも大きな津波が押し寄せることがある。海中の土砂崩壊やゆっくりとした断層のズレは、時に大きな津波発生の要因となる。サイレント津波とも呼ばれる。
山体崩壊津波	山が崩落し海上に流れ込んだ際に発生する。

　また、東日本大震災では、地震の大きさに関わらず巨大津波が押し寄せ、地域ごとの地震の規模と津波の大きさは比例していなかったこともわかっている。さらに、その津波は海底の土砂を削りとって巨大化した「黒い津波」現象もみられた。多くの遺体の肺に土砂成分が含まれていたことから研究され発表された。

[津波により起こり得る災害]

　建造物の崩壊や流出だけでなく、関連して発生する災害も少なくない。

農産品の塩水汚染や浸水	広域な損失が起こり得る。[注]
漂流物の衝突、火災発生	漂流物同士の衝突や構造物の破壊、電気ショート等による火の海発生もある。
土砂の流出、堆積	土砂の大規模流出、あるべきではない場所への大規模堆積も起こり得る。
危険物等の流出、汚染	地震同様である。
自然景観の大破壊	地震でもあり得るが大津波では特に景観の大破壊が起こる。

　津波に限らないが、危険物の流出や汚染によっては、注意しなければならないのが「風評」である。「風評」を災害と区分するかどうかは別として、大災害が発生した後では、必ずや水産物や農産物等を中心に、風評が広がり、生産者や漁業者には大きな被害が生じているのも事実である。

注）昨今の研究では、津波（塩水）によって農地に被害が生じた場合、とうもろこしやひまわり栽培が塩害土壌に適するとして、地域再生につなげているケースも見られる。

東京電力福島原子力発電所の事故は、津波の襲来による電源喪失が原因であるが、それによって、住むところを失うという被害だけでなく、魚や野菜が売れなくなるといった複次災害が発生したのも記憶に新しい。

思いやりの心があれば悪い風評は食い止められるはずである。

[気象庁から発表される情報]

気象庁では、津波情報に関して2013年に改定し以下の情報を発信している。

大津波警報	数値では「10m超」「10m」「5m」に分類、巨大地震による津波の場合は「巨大」と表現。
津波警報	数値では「3m」と表現、巨大地震による津波の場合「高い」と表現。
津波注意報	数値では「1m」と表現、巨大地震の場合の表記はない。

以下は、気象庁作成のリーフレットの一部抜粋である。

4－1－3　台風、局地的大雨

　昨今では、風水被害も多発かつ巨大化、激甚化している。2019 年 9 月に発生した「台風 15 号」は"風台風"とされ、風による被害が千葉県を中心として広がった。

　また、同年 10 月に発生した「台風 19 号」は"雨台風"とされ、雨量による被害が甲信越から関東、東北にかけて集中した。

　ここでは台風の定義と、強さ・大きさの表現、局地的大雨、風の強さと表現、それらが及ぼす災害、災害発生の予兆現象について触れる。

台風	中心付近の最大風速が 17.2m/s 以上の場合
熱帯低気圧	中心付近の最大風速が 17.2m/s 未満の場合
局地的大雨	別名"ゲリラ豪雨"とも言う。大都市のヒートアイランド化が原因と言われている、予測の難しい豪雨。

［台風の強さ・大きさの表現］

強さ		大きさ	
強い	最大風速が 33m/s 以上 44m/s 未満	大きい	風速 15m/s 以上の半径が 500km 以上 800km 未満
非常に強い	同 44m/s 以上 54m/s 未満	非常に大きい	同 800km 以上
猛烈な	同 54m/s 以上	—	—

［風の強さと表現］

表現（予報用語）	平均風速（m/s）	おおよその時速
やや強い風	10 以上 15 未満	〜50km
強い風	15 以上 20 未満	〜70km
非常に強い風	20 以上 30 未満	〜110km
猛烈な風	30 以上	110km 〜140km 〜

出典：気象庁ホームページ

家屋浸水、道路冠水	床上浸水、床下浸水、昨今では 2 階近くまで浸水することがあり得る。道路では周辺より低い所や、アンダーパスと呼ばれる所が冠水しやすく、特にアンダーパスでは車両が完全に水没することがあり得る。
建物、構造物の倒壊	平均風速 40m/s、最大風速 54m/s 以上になると、建物の倒壊があり得る。鉄筋構造物も倒れることがある。（樹木や電柱は平均風速 35m/s でなぎ倒される）
河川の急な増水、氾濫	広い一級河川でも決壊や越水が起こり得る。昨今では支流の本流への合流地点でも発生し得る。小川レベルでもバックウォーター現象により氾濫する
道路、線路等の損壊	主に車道下の土砂が流されることによる道路陥没、線路下土砂流出による損壊があり得る。
土砂崩れ、がけ崩れ	山の大小問わず斜面際では大規模崩壊が発生し得る。

浸水をイメージしよう

①車は 20cm 程度の浸水でも電気系統が機能を失い動かなくなり、30cm 超えでドアが開かなくなる[注]

②建屋内では、わずかな隙で大量の水が流れ込み、地下は水没、電気設備があれば停電する

③浸水箇所に通電している電線が体にふれれば感電する

④床上 50cm 程度の浸水で、床やロッカー等が浮き始め倒れることもある

⑤水が入ってきた方向と反対側に物が動き出し、扉や階段近くに流れれば塞がれ、避難できなくなる

［土砂災害の予兆現象］

　土砂災害発生の予兆現象については内閣府防災情報のページにある「特集：風水害から身を守る」に詳しく書かれている。一部紹介しよう。

注）車内に取り残された場合、窓をたたき割って脱出する方法の他に、車内外の水の高さが同じになることで容易にドアが開くということを待って脱出する方法もある。

土石流	・川の流れがにごり、流木が混じりはじめる等 ・雨は降り続いているのに、川の水位が下る等 ・山鳴りがする等
地すべり	・沢や井戸の水がにごる等 ・地割れができる等 ・斜面から水が噴き出す等
がけ崩れ	・がけから小石がパラパラと落ちてくる等 ・がけから水が湧き出ている等 ・がけに割れ目が見える等

Take a break ③　**土砂災害（がけ崩れ等）は、雨の時に限らない！**

　2020年2月5日、神奈川県逗子市の市道脇で、がけ崩れが発生、たまたま通学途中の女子高校生が土砂に巻き込まれ亡くなった。気象台によれば同月1日以降、同地では雨が観測されていないということであった。土砂災害の専門家によると、10年～20年の年月の中で少しずつ斜面内の岩盤が緩んできたのが原因ではないかと言う。岩盤によっては、年月を経て風化し空洞化してくる可能性があるとも言われている。土砂災害は雨の時という先入観はもってはならないことを教えてくれた事象である。

　また、土砂災害や洪水災害は、大雨が止んだ後に発生することもあり、大雨中だけでないことも知っておきたい。

［知っておきたい標識］

　街角の電柱等に「想定浸水深○m」「実績浸水深○m」という掲示があるのを見たことがあるだろうか。浸水は何も津波に限ったことではない。

出典：国土交通省水管理・国土保全局作成「まるごとまちごとハザードマップ」

雨風によって一般河川でも氾濫し、付近一帯が浸水することがある。増水を確認してからでは遅い場合がある。局地的大雨時や前線停滞時、雨量が多い台風時では、ただちにこの表示以上の高さへと避難しないと助からない恐れがある。

　ちなみに、我が国において災害に係る避難誘導標識の標準化では、「JIS Z 9098」が発行され規定されているので、さらなる詳細は、一般社団法人日本標識工業会ホームページで調べると良い。

[携帯電話に入れておきたいお天気アプリ]

　特にYahoo!天気やウェザーニュースの「雨雲レーダー」や気象庁の「高解像度降水ナウキャスト」は精度が高く、時間の経過による予測がつかめやすくて便利である。

[気象庁から発表される風水害、土砂災害情報と市町村による避難勧告等の関係]

　気象庁のホームページに、内閣府による「避難勧告等に関するガイドライン」に基づき作成された「防災気象情報を活用した避難行動」の関連図が掲載されているので紹介しておこう。

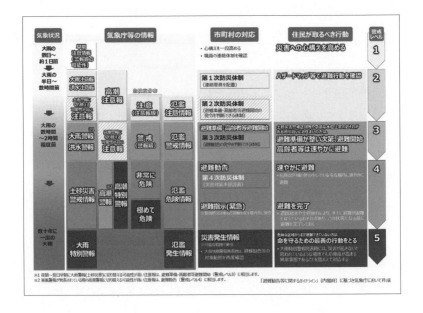

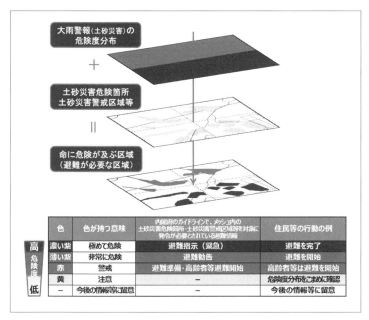

出典：気象庁ホームページ「土砂災害に関する防災気象情報の活用」

　内閣府は、警戒レベル4について避難勧告と避難指示が併存している現状を見直し、「避難指示」に一本化する方針を固め、2021年に法改正を考えている。また、東京大学、京都大学、日本気象協会らのチームは、河川の氾濫リスクを3日先まで予測するシステムを開発。実用化を目指している。

Take a break ④　線状降水帯現象は超危険

　気象庁"雨に関する用語"の説明文では「次々と発生する発達した雨雲（積乱雲）が列をなした、組織化した積乱雲群によって、数時間にわたってほぼ同じ場所を通過または停滞することで作り出される、線状に伸びる長さ50〜300km程度、幅20〜50km程度の強い降水をともなう雨域」とされる現象である。昨今では、台風や熱帯低気圧の通過時だけでなく、梅雨前線や秋雨前線の中でもたびたび発生し、ニュースでもよく耳にする用語である。

　雨雲が局地的に長い時間居座るため、多くの雨量を伴い、重大な土砂災害

につながることが多い。雨雲レーダー等で予想できることも多い。そのような場合は、いち早く上階（場所によって3階以上）等へ避難を考えたい。

4-1-5　噴火

　我が国は「火山列島」と言われるほど火山が多く、その数は111に上る。ここでは火山噴火のメカニズムについては省くが、噴火によって起こる災害と、噴火の前兆について、「防災士教本」を一部引用して触れておきたい。

[火山噴火によって起こる災害]

火砕物	河口から放出される噴出物をいい、火山灰から、直径65mm以上の岩塊まである。農作物から建屋の損壊、呼吸器系への影響から、直接当たっての死亡まで被害は幅広い。
溶岩流	河口から流出したマグマが斜面を流下するもの。超高温であり流下域にある山林、家屋は消失する。
火砕流、火砕サージ	火砕流は、溶岩片と火山ガスの混合物が斜面を流れ下りるもので、火砕サージは、比較的溶岩片の少ない熱風状のもの。時速100kmを超えることもあり、流下域は焼き尽くされる。
山体崩壊	そもそも崩壊しやすい地形であり、噴火や地震によって大規模に崩壊が起こり、岩屑雪崩や土石流が発生する。
土石流	大量の火山灰等が雨によって流下する火山泥流であり、流下域を埋没させることがある。
火山ガス	ほとんどは水蒸気であるが、一部に二酸化炭素、二酸化硫黄、硫化水素等有害ガスが含まれ、流下途上のくぼ地等にたまって、死者がでたり住めなくなったりする。

[噴火の前兆]

地震の発生：マグマの移動により地震が頻発する
地殻変動：押し上げられたある程度まとまった物質によって膨らみ等が生ずる
磁力の低下、地下水の温度上昇：高温のマグマの移動によって生ずる

[気象庁から発表される情報]

　ここでは「噴火警戒レベルが運用されている火山」についての情報を示す。

種別	名称	対象範囲	レベル（キーワード）	火山活動の状況
特別警報	噴火警報（居住地域）又は噴火警報	居住地域及びそれより火口側	レベル5（避難）	居住地域に重大な被害を及ぼす噴火が発生、あるいは切迫している状態と予想される。
			レベル4（避難準備）	居住地域に重大な被害を及ぼす噴火が発生する可能性が高まってきていると予想される。
警報	噴火警報（火山周辺）又は火口周辺警報	火口から居住地域近くまでの広い範囲の火口周辺	レベル3（入山規制）	居住地域の近くまで重大な影響を及ぼす（この範囲に入った場合には生命に危険が及ぶ）噴火が発生、あるいは発生すると予想される。
		火口から少し離れた所までの火口周辺	レベル2（火山周辺規制）	火口周辺に影響を及ぼす（この範囲に入った場合には生命に危険が及ぶ）噴火が発生、あるいは発生すると予想される。
予報	噴火警報	火口内等	レベル1（活火山であることに留意）	火山活動は静穏。火山活動の状態によって、火口内で火山灰の噴出等が見られる（この範囲に入った場合には生命に危険が及ぶ）。

　過去のさまざまな巨大災害では、それぞれに教訓として後世に残された情報が多数ある。この「教訓」を学ぶことは、品質管理や工学技術で学ぶ、畑村洋太郎氏提唱の「失敗学」に他ならない。失敗を知り学習することが失敗を防ぐことに繋がる。教訓を知り学習することが次の災害を防ぎ、あるいは小さく留めることに繋がるのである。

4-2 甚大な被害をもたらした主な自然災害

　ここでは、時代が平成となった以降の主な"甚大な被害をもたらした自然災害"についてピックアップし、それぞれについて、発生状況、被災状況、ポイントについて内閣府や気象庁、消防庁ホームページ、Wikipedia等から引用し整理してみた。（被災状況で示す数字については発表時やデータを含む内容によって異なる）

4-2-1　阪神・淡路大震災（地震名：兵庫県南部地震）

出典：神戸市

〈発生状況と被災状況〉

発生日時	1995（平成7）年 1月17日5時46分	死者数	6,434人
規模	マグニチュード7.3	行方不明者数	3人
震源	兵庫県北淡町	負傷者数	43,792人
最大震度	震度7	建物被害棟数	689,776棟
津波	微弱	被害総額	約10兆円

〈災害の特長と注目点〉

　阪神・淡路大震災は、以下が特長であり注目すべき点である。

1．亡くなった人の約8割が建物倒壊による圧死や窒息死であった。

2．同時多発的に火災が発生したが、交通渋滞や倒壊がれきによって消火

　　活動がままならなかった。

３．高速道が横倒しになったり、近隣の道路が大渋滞となったりし、ライ
　　フラインの途絶が際立った。

〈ライフライン等の被害と復旧日数〉

　東京消防庁がまとめた「職場の地震対策」に、阪神・淡路大震災時のライ
フラインの被害と復旧までの日数が示されているので紹介しよう。

業種	被害規模	復旧日数
電気	・地震直後は約260万戸停電 ・約2時間後の停電約100万戸	6日後
ガス	・約86万戸の都市ガス供給停止	85日後
水道	・神戸市等の9市5町で約130万戸の断水	90日後 （神戸市の復旧完了日）
鉄道	・JR西日本、阪急電鉄、阪神電鉄等13社が不通 ・高架橋等が8か所落橋	218日後 （新幹線は81日後に開通）
道路	・名神高速等の高速道路7道7区間約70か所及び有料道路2道約40か所が被災	623日後
通信	・交換機の機能停止、28万5千回線 ・加入線のケーブル切断等、19万3千回線	14日後 （倒壊家屋等は除く）

4－2－2　東日本大震災（地震名：東北地方太平洋沖地震）

出典：宮古市

〈発生状況と被災状況〉

発生日時	2011（平成 23）年 3 月 11 日 14 時 46 分	死者数 （関連死含む）	19,689 人
規模	マグニチュード 8.4	行方不明者数	2,563 人
震源	三陸沖	負傷者数	6,233 人
最大震度	震度 7	建物被害棟数	1,147,273 棟
津波	9.3m 以上、 最大遡上 40.1m	被害総額	震災で 16〜25 兆円

〈災害の特長と注目点〉

　東日本大震災は、以下が特長であり注目すべき点である。

1．三陸沖中部から茨城県沖にかけ次々連動して断層破壊が発生した。

2．大津波により沿岸市町村が壊滅的被害を受け、亡くなった人は 19,000
　　人以上に及んだ。大津波が福島第一原子力発電所を襲い、放射性物質
　　の大気放出による深刻な事態が発生した。

3．大規模な液状化、噴砂現象で、家が傾いたり、多数の車が埋没したり
　　した。

4．首都圏を中心に帰宅困難者が多く発生した。

5．関東圏から関西圏まで広域な揺れが発生し、多くの高層ビルでは長周
　　期地震動が観測され、人を乗せたままのエレベータ停止も多く見られ
　　た。

```
参考
```

　3.11 東日本大震災の時の体験談を、その教訓として次の災害に備えて伝承
しようという目的で、内閣府が「一日前プロジェクト」と名付けた活動が始
動している。震災の前日に戻れるなら何をしておけば良かったか、物語風に
取りまとめている。「一日前プロジェクト」で検索し学習材料とするのも良い。

　ちなみに、東日本大震災を機会として「帰宅困難者」対策が進んでいる。
巨大災害が発生した場合に、自宅まで歩いて帰るための「帰宅マップ」が
飛ぶように売れ、要所要所に「災害時帰宅支援ステーション」が置かれ、

さらには無理して帰宅しないことを促し企業に留めるため、災害備蓄を推進させるための帰宅困難者対策条例が制定施行された等である。

　しかしここでもまた「感染症」リスクが高まると筆者は感じている。人であふれる道路、ホーム、または駅周辺通路、ホテルや公共施設のロビー…は、クラスター発生の可能性が高まるであろう。「感染症」拡大時の巨大地震等との複合災害を考慮し、早く「帰宅困難者感染予防対策」を急ぐ必要があるのではなかろうか。

4−2−3　熊本地震

出典：時事通信社

〈発生状況と被災状況〉

発生日時	2016（平成 28）年 4 月 16 日 1 時 25 分	死者数	267 人
規模	マグニチュード 7.3	行方不明者数	0 人
震源	熊本県熊本地方	負傷者数	2,804 人
最大震度	震度 7	建物被害棟数	205,878 棟
津波	—	被害総額	最大 4.6 兆円

〈災害の特長と注目点〉

　熊本地震は、以下が特長であり注目すべき点である。

1．震度 7 が 2 回続けて観測された。（前震：4 月 14 日 21 時 26 分、本震：4 月 16 日 1 時 25 分）

２．市町村の庁舎が多く被災し、庁舎外への機能移転が多く発生。

4－2－4　北海道胆振東部地震

出典：日本経済新聞社

〈発生状況と被災状況〉

発生日時	2018（平成30）年 9月6日3時7分	死者数	44人
規模	マグニチュード6.7	行方不明者数	―
震源	北海道胆振地方中東部	負傷者数	785人
最大震度	震度7	建物被害棟数	24,956棟
津波	なし	被害総額	2,368億円

〈災害の特長と注目点〉

　北海道胆振東部地震では、以下が特長であり注目すべき点である。

１．山間が数百mにわたって崩壊した。

２．液状化により新興住宅街に建つ家屋の多くが被災した。

３．ブラックアウトと呼ばれる広域かつ長期な停電が発生した。

4-2-5　広島 2014 年豪雨災害（災害名：平成 26 年 8 月豪雨）

出典：ルーチェサーチ社

〈発生状況と被災状況〉

発災日	2014（平成 26）年 7 月 30 日～8 月 26 日	主要要因	台風 11 号、12 号 及び前線停滞等
被災地域	広島県、高知県、徳島県、兵庫県、京都府、三重県、岐阜県、 石川県、秋田県、北海道　他		
最多雨量	高知県香美市で 8 月総降水量 2,398.0 ミリ		
死者数	84 人	全壊棟数	214 棟
行方不明者数	0 人	半壊棟数	346 棟
負傷者数	75 人	一部損壊棟数	3,224 棟

〈災害の特長と注目点〉

広島 2014 年豪雨災害では、以下が特長であり注目すべき点である。

1．山際まで開発された斜面の住宅地を土石流が直撃した。

2．花崗岩の風化によるマサ土地盤が広がっていて表層雪崩が発生。

3．避難勧告や避難所設置の遅れが指摘されている。

4−2−6　西日本 2018 年豪雨災害（災害名：平成 30 年 7 月豪雨）

出典：朝日新聞

〈発生状況と被災状況〉

発災日	2018（平成 30）年 6 月 28 日〜7 月 8 日	主要要因	台風 7 号及び梅雨前線による集中豪雨
被災地域	岡山県、広島県、島根県、山口県、愛媛県、高知県、福岡県、佐賀県、宮崎県、鹿児島県、兵庫県、京都府、岐阜県、長野県、北海道		
最多雨量	―		
死者数	263 人	全壊棟数	6,758 棟
行方不明者数	8 人	半壊棟数	10,878 棟
負傷者数	484 人	一部損壊棟数	3,917 棟
床上浸水	8,567 棟	床下浸水	21,913 棟

〈災害の特長と注目点〉

　西日本 2018 年豪雨災害では、以下が特長であり注目すべき点である。

１．九州から北海道まで多くの観測地点で降水量が史上第 1 位になる等、広い範囲での長時間にわたる記録的な雨量となった。

２．西日本を中心に、広域かつ同時多発的な河川氾濫、がけ崩れが発生

4−2−7　2019 年 9 月 10 月台風災害

　2019 年 9 月 10 月と相次いで大きな被害をもたらせた台風は、本書執筆

中の2020年2月、気象庁から42年ぶりに台風命名したことが報道された。命名に際して気象庁は、「15号は停電で社会的な影響が大きかった。19号は大量の雨で非常に広い範囲で洪水が起きためったにない現象だ。災害の経験や教訓が後世に効果的に伝承されるよう努めていきたい」としている。

出典：毎日新聞、日本経済新聞

台風15号（正式名称：令和元年房総半島台風）
〈発生状況と被災状況〉

発災日	2019（令和元）年9月5日〜10日		
上陸地点	千葉県千葉市付近		
死者数	3人	全壊棟数	391棟
行方不明者	0人	半壊棟数	4,204棟
負傷者数	150人	一部損壊棟数	72,279棟
床上浸水	121棟	床下浸水	109棟

台風19号（正式名称：令和元年東日本台風）
〈発生状況と被災状況〉

発災日	2019（令和元）年10月6日〜13日		
上陸地点	静岡県伊豆半島		
死者数	86人	全壊棟数	3,202棟
行方不明者数	3人	半壊棟数	27,154棟
負傷者数	476人	一部損壊棟数	30,025棟
床上浸水	7,331棟	床下浸水	21,774棟

〈災害の特長と注目点〉

　2019年9月には、台風15号、同10月には19号と相次いで大型台風が上陸し、複数の都県に甚大な被害をもたらしたのは記憶に新しい。

　中でも、台風15号では、千葉県を中心に暴風によって長期停電や長期断水に至った他、交通網の断絶等ライフラインへの深刻な影響が目立った。房総半島各地では家屋の屋根が多く飛ばされた他、普段では想像できないゴルフ練習場のネット鉄柱の崩壊による多くの家屋損壊等を目の当たりにした。

　台風19号では、長野県、神奈川県、福島県、宮城県等を中心として、長時間に渡る多くの雨量によって、浸水による被害が際立った。特に鉄道車両の基地や沿線で浸水、土砂崩れが各所で発生し、長野県では長野新幹線基地が水に浸かって、結果的に車両の廃棄に繋がり、神奈川県では箱根登山鉄道が線路崩壊で2020年7月下旬に全線復旧するまで9ヵ月に渡り運休が続いた。箱根町では、降り始めからの24時間の総雨量が942.5ミリに達し全国の最大雨量を大幅に更新した。さらに同じ神奈川県の川崎市では、増水した多摩川からの排水管逆流で広域に浸水が広がり、中でもタワーマンションと言われる高層住宅棟が浸水し、地下の電気室が水に浸かったことによる停電被害が発生した。

　国土交通省水管理・国土保全局砂防部が2019年12月25日に発表した速報データによれば、「台風第19号は、台風に伴う土砂災害としては、過去最多の発生件数を記録した」とし、2004年、台風第23号時の800件を超え952件に上ったとしている。

　台風19号では、主要河川の増水よりもむしろ支流河川の増水に伴う、決壊だけでなく越水によって河川流域一帯が水に浸かるといった特長も見られた。死者が86人に及び、避難のための移動中に車ごと流されて22人が亡くなったり、自宅の1階で2階以上に避難できずに18人が亡くなったりしており、移動自体のリスク、自宅で床や家具が水流等で持ち上げられ上階への移動経路さえ塞がれるリスクも顕在化してきている。

> **参考**
>
> **垂直避難3階でも要注意！**
>
> 　避難場所や避難所への移動が困難であったり、危険が差し迫っていたりする場合「垂直避難」の必要が叫ばれている。上の階に避難することで命を守ろうということである。しかし昨今の研究では、大型河川が氾濫し、決壊または越水した場合、浸水高は2階程度ではおさまらないというのである。3階でも要注意ということである。ハザードマップ等により浸水高が2階程度で済まない場合、近隣の4・5階以上のビルを確認しておくことが望まれる。

4−2−8　御嶽山噴火

出典：NHK

〈発生状況と被災状況〉

発生日	2014（平成26）年9月27日11時52分		
死者数	58人	噴火様式	水蒸気爆発
行方不明者数	5人	噴煙高度	河口から約7,000m

〈災害の特長と注目点〉

　御嶽山噴火では、以下が特長であり注目すべき点である。

1．死者は、そのほとんどが放出された噴石の直撃による。中には噴火を撮影していて逃げ遅れた可能性も指摘されている。

2．登山届の不備による被害者実数の把握遅れ。

3．風雨対応の避難施設であり噴石等に対しては脆弱であったと指摘された。

4-3 甚大な被害をもたらす大災害の発生可能性

　昨今では、発表される気象情報で「10年に1度の規模」とか「50年に1度の雨量」といった数十年に一度しかないというレベルの災害予測が毎年のように発表されている。また、30年以内に確率70%とか80%といった巨大地震発生可能性の報道もある。

　ここでは、首都直下地震と南海トラフ地震、富士山大噴火等を取り上げてみた。

4-3-1　巨大地震

　今後予想される、発生可能性が高い、または規模が大きいと想定される地震についてピックアップした。取り上げた地震のその評価対象領域、発生確率、被害想定、画像等について「政府地震調査研究推進本部」及び「内閣府防災情報のページ」等のデータから引用した。

発生可能性が高く規模も大きいと想定される地震

首都直下地震

〈発生可能性〉

2018年1月時点で、今後30年内にM8.0以上の巨大地震が70%の確率で発生

〈被害想定〉

死者	23,000 人
負傷者	123,000 人
要救助者	58,000 人
帰宅困難者	8,000,000 人
避難者	7,200,000 人
全壊・焼失	610,000 棟

　特に首都直下地震では、以下のような想定もなされている。

インフラ・ライフライン等の被害と様相

電力	発災直後は約5割の地域で停電。1週間以上不安定な状況が続く。
通信	固定電話・携帯電話とも、輻輳のため、9割の通話規制が1日以上継続。メールは遅配が生じる可能性。
上下水道	都区部で約5割が断水。約1割で下水道の使用ができない。
交通	地下鉄は1週間、私鉄・在来線は1か月程度、開通までに時間を要する可能性。主要路線の道路啓開注)には、少なくとも1〜2日を要し、その後、緊急交通路として使用。都区部の一般道はガレキによる狭小、放置車両等の発生で深刻な交通麻痺が発生。
港湾	非耐震岸壁では、多くの施設で機能が確保できなくなり、復旧には数か月を要する。
燃料	油槽所・製油所において備蓄はあるものの、タンクローリーの不足、深刻な交通渋滞等により非常用発電用の重油を含め、軽油・ガソリン等の消費者への供給が困難となる。

被害想定域（都道府県）：

茨城県、栃木県、群馬県、埼玉県、千葉県、東京都、神奈川県、山梨県、長野県、静岡県（平成27年3月31日現在1都9県309市区町村）

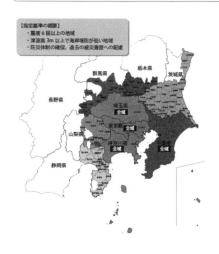

注）道路啓開とは、大規模災害時に、応急復旧前の段階で救援・救護のために緊急復旧・支援ルートを確保すること

南海トラフ地震

〈発生可能性〉

2018 年 1 月時点で、今後 30 年内に M8〜 M9 の巨大地震が 70%〜80%の確率で発生

〈被害想定〉 2018 年時点

死者・行方不明者数	約 23 万 1 千人
建物などの被害	約 209 万 4 千棟
直接被害額	約 171 兆 6 千億円

　2019 年 6 月に内閣府防災担当から「南海トラフ巨大地震の被害想定について」(建物被害・人的被害) が発行されており、本報告書によれば、"東海地方が大きく被災するケース"、"近畿地方が大きく被災するケース"、"四国地方が大きく被災するケース"、"九州地方が大きく被災するケース"とに分け、さまざまな想定の下で詳細な被害想定が表されている。2020年 1 月に国は、海岸沿いでは大津波警報を発する目安である 3 メートルを大きく上回る津波が、東京から九州までの広い範囲で襲う、その確率は26%以上の発生確率であると初公表している。

　被害想定域は非常に広いことから、是非一度これらの報告を参照されると良い。

被害想定域 (都道府県):

茨城県、千葉県、東京都、神奈川県、山梨県、長野県、岐阜県、静岡県、愛知県、三重県、滋賀県、京都府、大阪府、兵庫県、奈良県、和歌山県、岡山県、広島県、山口県、徳島県、香川県、愛媛県、高知県、福岡県、熊本県、大分県、宮崎県、鹿児島県、沖縄県 (平成 26 年 3 月現在、1 都 2 府 26 県707 市区町村)

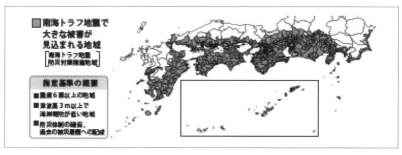

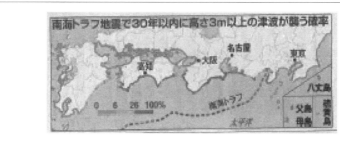

出典：2020年1月25日付産経新聞

　なお、2018年、中央防災会議防災対策実行会議の報告では、南海トラフ沿いで発生するであろう地震について、「半割れケース」「一部割れケース」「ゆっくりすべりケース」等が想定され、個々の被災状況分析や、防災対策について触れられている。

　場合によっては、これらのケースの発生は重大な大規模地震に発展する前の前震現象とも捉えられ、今後のさらなる研究や防災・減災対策、人々への周知等が期待される。

規模が大きいと想定される地震

日本海溝千島海溝周辺地震

〈被害想定〉

	死者数 （人）	全壊棟数 （棟）		消失棟数 （棟）		避難者数 （人）	経済被害 （億）
宮城県沖	290	—		—		330,000	13,000
三陸沖北部	420	—		—		150,000	7,000
十勝沖・釧路沖	290	夏 冬	1,200 1,900	夏 冬	1,300 14,000	270,000	12,000
根室沖・釧路沖	130	—		—		75,000	2,700
色丹島沖	80	—		—		—	9,900
択捉島沖	60	—		—		—	5,300

出典：日本海溝千島海溝沿巨大地震モデル検討会資料

　2020 年 4 月 22 日付報道では、北海道から東北の太平洋沿岸で 30 メートル近い津波が襲来するとしている。発生可能性としても切迫しているとし、一層充実した津波対策や避難対策が期待される。

発生可能性が高いとされる地震

根室沖地震

〈発生可能性〉

2018 年 1 月時点で、今後 30 年内に M7.8～ M8.5 程度の巨大地震が 80％の確率で発生

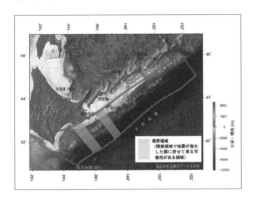

Take a break ⑤　オーストラリアの大規模森林火災は、対岸の火事ではない！

　ちょうど本書の執筆をし始めたころのことであるが、2019 年 9 月ごろからオーストラリア東海岸沿いで多数の森林火災が発生、多くの民家や人命も失われる大規模火災となった。2020 年 1 月現在で焼失面積は日本における本州の半分と報道されている。ここまで拡大した原因として、雨が降らずに空気が極端に乾燥していたこと、地球温暖化により高温状態が続いていたことが伝えられている。一部では火災による気流変動で、集中豪雨による洪水も発生、この両方で相当の希少動物たちも命を落としているようである。これは対岸の火事なのか。

　すでに我が国の位置する緯度は、これまでの「温帯」から「亜熱帯」に変わっていっているという。以前に比して、本当に暑くなってきている。局地的豪雨が襲い、台風の上陸が増え、またある時は乾燥によってダムが枯渇し水不足にもなる。本州中部域の農作物

2020 年 1 月 26 日付読売新聞から

4－3－2　巨大噴火

富士山大噴火

　これまでもさまざまな専門家らが、やがて発生し得る「富士山大噴火」について研究し、想定される被害等について発表してきているが、2020年4月1日、ショッキングな話題を耳にした。「新型コロナウイルス感染症」拡大の真っただ中で、報道はあまりされなかったが、「噴火3時間首都機能まひ」というものである。富士山が噴火したら、首都圏方向にわずか3ミリの降灰で交通機関は止まり、停電や断水が発生、それは3時間程度の間で起こり得るという。

　政府による中央防災会議の特定作業部会が同3月31日に発表したもので、これまた深刻な被害状況になるという。

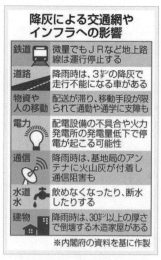

出典：東京新聞ホームページ

　噴火時に被害が及ぶとされる対象エリアの住民に対する「健康や医療面における対策・研究」は進むのかどうかまったく未知であるが、2014年御嶽山噴火の降灰レベルではないことは容易に想像できる。灰を吸い込むことによる呼吸器疾患や噴石によるケガの急増は避けられないのではないかと危惧するのは筆者だけか。その時は、防塵マスクヘルメットが一気に無くなるのであろうか。

　巨大地震と富士山噴火、あるいはそれらと大洪水、感染症と……災害が複合的に発生しないことを祈るばかりである。このような複合災害も決して想定外であってはならないのだが。

第5章

防災士としておススメする
学習と訓練

　この章では、筆者自身が防災士であることから、その立場でお勧めする学習と訓練について、「防災士」という、もしかしたら聴き慣れない資格について、紹介を含めて述べてみたい。

5−1　防災士とは

　防災士という資格をご存じだろうか。

　防災士とは、「日本防災士機構」が個人に対して認証する資格制度であり、"自助・共助・協働を原則として、社会の様々な場で防災力を高める活動が期待され、そのための十分な技能を修得したことを認証した人"をいう。2003年から知識、技能修得に向けた防災士養成研修及び資格取得試験が始まり、2020年7月末日時点で、すでに196,745名の防災士が認証されている。昨今の自然災害多発を受け関心は急激に高まり、月あたり2,000名程度ずつ全国各地に渡り認証された防災士が誕生している。ぜひ日本防災士機構のホームページを参照されたい。

　以下のグラフを見れば、急激にその関心の高さが伸びていることがわかる。

　都道府県別の認証防災士数は以下の通りである。

　認証された防災士の中には、TVなどで活躍するお天気キャスターや、非常時の料理を紹介する書籍を出している一般の奥様もいる。中には中学生防災士もいる。

　防災士は、2020年7月現在、民間資格である。特定の権利が与えられ

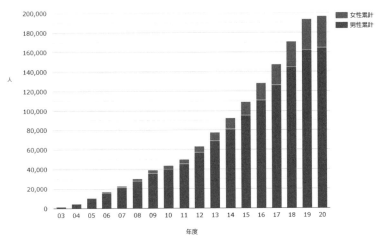

出典：日本防災士機構ホームページ

表 1　都道府県別防災士認証者数（2020 年 7 月末現在）

都道府県	防災士数	都道府県	防災士数	都道府県	防災士数	都道府県	防災士数	都道府県	防災士数
北海道	3,770	埼玉県	6,511	岐阜県	6,770	鳥取県	1,121	佐賀県	1,375
青森県	2,529	千葉県	5,910	静岡県	4,223	島根県	1,017	長崎県	1,781
岩手県	2,573	東京都	16,100	愛知県	6,632	岡山県	2,992	熊本県	2,932
宮城県	5,286	神奈川県	6,455	三重県	2,379	広島県	4,448	大分県	11,299
秋田県	1,260	山梨県	1,412	滋賀県	2,444	山口県	2,273	宮崎県	5,349
山形県	1,635	長野県	2,665	京都府	1,399	徳島県	3,551	鹿児島県	1,463
福島県	2,699	新潟県	4,605	大阪府	7,441	香川県	2,768	沖縄県	868
茨城県	4,478	富山県	1,637	兵庫県	6,657	愛媛県	14,846	外国	3
栃木県	3,563	石川県	6,778	奈良県	3,311	高知県	4,526		
群馬県	1,864	福井県	3,387	和歌山県	2,380	福岡県	5,380	合計	196,745

出典：日本防災士機構ホームページ

たり、行動が義務付けられたりしている訳ではない。しかし、災害時には、その知識や技能を活かし、自らができる範囲、たとえば家庭、地域、職場等で行動する、場合によっては地方自治体が予算を計上し、学校や行政機関に配置する動きも見られ始めている。

5−1−1 資格取得までの流れ

それでは、どのようなプロセスを経て「防災士」になれるのであろうか。研修や試験があるのだろうか。

| ステップ1 | 防災士養成研修講座の受講と防災士資格取得試験の受験

防災士を養成する研修講座は、日本防災士機構が委任した研修実施機関がそれを請け負っている。都道府県や市区町村などの自治体が主催する研修講座や、大学等教育機関、民間法人などである。詳細は、「日本防災士機構」ホームページを参照されたい。ここでは、民間法人が実施している研修講座を例として紹介しよう。

2019年12月時点で、防災士養成研修講座を運営している民間法人は、①株式会社防災士研修センター、②NTTラーニングシステムズ株式会社、③一般財団法人日本経営教育センターである。そのうちのひとつ「株式会社防災士研修センター」では、全国各地で頻繁に講座を開催している。

申し込みをすると最新年度の「防災士教本」が送られてくる。その「防災士教本」とともに自宅学習用に「試験対策ハンドブック」や「履修確認レポート（事前に行っておく宿題）」も届く。この宿題をまず完成させ、内容を理解することが合格の近道である。「防災士教本」の目次を以下に示す。（2019.12時点）

序論		第16講	津波のしくみと被害
第1講	近年の自然災害に学ぶ	第17講	火山噴火のしくみと被害
第2講	防災士の役割	第18講	風水害と対策
いのちを自分で守る〜自助〜		第19講	土砂災害と対策
第3講	身近でできる防災対策	第20講	火災と防火対策
第4講	耐震診断と補強	災害に関わる情報を知る〜情報〜	
第5講	災害とライフライン	第21講	災害情報の入手と活用
第6講	災害と交通インフラ	第22講	災害と流言・風評
第7講	災害医療	第23講	公的機関による予報・警報
地域で活動する〜共助・協働〜		第24講	地震に関する知見・情報

第8講	行政の災害対応	第25講	被害想定とハザードマップ
第9講	避難所運営と仮設住宅の暮らし	第26講	避難と避難行動
第10講	災害と応急対策	新たな減災や危機管理の手法を身につける～予防・復興～	
第11講	地域の自主防災活動＋	第27講	都市防災
第12講	災害とボランティア活動	第28講	災害と危機管理
第13講	緊急救助技術を身につける	第29講	企業防災と事業継続計画
第14講	防災訓練	第30講	災害と損害保険
災害発生のしくみを学ぶ～科学～		第31講	地域の復旧と復興
第15講	地震のしくみと被害	紹介資料／参考資料	

　完成した宿題を最低2日間のセミナー会場に持参し、セミナー受講する。レポートの提出を義務付けている場合もある。2日間セミナーの場合、2日目の最後に「防災士資格取得試験」があり、制限時間50分、全30問出題され、その内80％（24問）以上の正答で合格となる。2019年12月時点で、試験問題の事例公表や模擬問題公開等は行われていない。

　2日間の場合の集合セミナーの内容例を以下に示す。

第1日目		第2日目	
9:00	受付	9:00	受付
9:15～9:30	オリエンテーション	9:15～9:30	防災士制度の紹介
9:30～10:30	1時限目：防災士の役割	9:30～11:40	1、2時限目：（演習含む）ハザードマップと災害図上訓練
10:40～11:40	2時限目：地震のしくみと被害	11:50～12:50	3時限目：風水害と対策
11:50～12:50	3時限目：近年の自然災害に学ぶ	12:50～13:50	昼休み（ビデオ上映あり）
12:50～13:50	昼休み（ビデオ上映あり）	13:50～14:50	4時限目：災害と危機管理

13:50〜14:50	4時限目：土砂災害と対策	15:00〜16:00	5時限目：耐震診断と補強
15:00〜17:10	5、6時限目：（演習含む）避難所の開設と運営	16:10〜17:10	6時限目：身近でできる防災対策
		17:30〜18:30	防災士資格取得試験

本講座内容は、防災士としての知識や意義を身につけるもので、資格試験対策講義とはなっていないので注意が必要である。なお、この講座は各研修期間によって運営されているが、最後に行われる資格試験は「日本防災士機構」が運営している。講座を履修することを前提として受験資格が与えられることとなる。

ちなみに、この試験に合格しただけでは、まだ防災士資格を得ることはできない。次のステップとして、「救急救命講習」の修了証が必要となる。

ステップ2　救急救命講習修了証の取得

防災士認証登録申請の段階で、すでに（5年以内に）、全国の自治体や消防署、日本赤十字社等が主催する「救急救命講習（心肺蘇生法、AED使用方法を含む3時間以上の講習）」を受講して修了証等を取得していれば、ステップ1で示した講座の際に提出をすることで、試験が合格次第、日本防災士機構に認証登録が可能である。しかし、事前にこの修了証を取得していない場合は、前述した機関等で行われている「救急救命講習」を受講して、修了証等を取得することが必須である。認証登録はその後となる。

防災士は、いざという時に躊躇せず、倒れている人の呼吸の有無や心肺停止の有無を確認の上、必要な措置（心肺蘇生やAEDの使用）がとれるということが求められるからである。

このステップを通じて条件を満たせば、日本防災士機構へ「防災士認証登録申請」を行うことができ、認められれば「防災士認証状」と携帯できるカード「防災士証」が交付される。また希望すれば有料であるが別途「防災士徽章（バッチ）」も配付される。

　なお、退職者を含む「警察官」「消防吏員」「消防団員」及び「赤十字救急法救急員資格認定者」は、防災士資格取得に際して、一部講座の受講免除といった特例制度が設けられていることを付記しておきたい。

5-1-2　防災士に期待されること

　それでは防災士には、どのようなことが期待されているのだろうか。

　ひとつは普段からの活動である。もうひとつは災害時の活動である。全国に日本防災士機構の地方支部があり、通常時から防災士のスキルアップ講習や、勉強会、避難所運営や災害時を想定した机上（図上）訓練を開催するなど、地道な活動が行われている。また被災地へのボランティア派遣や、自らチームを組んで支援に加わるなど、災害時に積極的な活動をし始めている支部も多い。

　もうひとつは、いちばん大事なことであるが、「救われる人から救う人になれ」である。つまり自らの身を守ること、生き残ることであり、救助される側にならないことが期待されていることである。皆ひとりひとりそうなれば、要救助者は圧倒的に減らすことができる。自分自身生き延びる術を知っていれば、自ら生き残り生き延びるための備蓄品を備蓄し、その時に自らそれを消費することで、公的機関、避難所等にすべてを委ねずに済み、混乱を減らすことにもなるのである。

　このことは「事故」や「一般疾病」「感染症」等にも言えよう。普段から、基礎疾患を有する人や出産を控えている人以外は、病院の世話にはならない生活が必要かもしれない。

5-2　自分が生き残ることを忘れるな

　災害時に、意外と忘れられているのが「自分自身が生き残る」ということである。その時に、一緒にいない家族を想う、仲間や友人を想う……まわりの人を気遣う、助けなきゃ、一緒に逃げなきゃと思う。それは自然なことである。筆者自身もそう思っていた。しかし、そうして過去の災害では、親や子の命を案じて行動して、多くの命が失われている。

防災士の学ぶべきカリキュラムの中で、ある講師から言われてハッとした。「人を助けるには自分が生きていないと助けられない」と。「助けられる側になるな」と。もっともだと思った。繰り返すこととなるが、人々が皆自分自身の命を守り抜き、元気で生き残りさえすれば、むしろ要救助者の絶対数が減る。生き残るには、生き残る「術」「知識」が必要である。2019年12月1日から8日にかけて放送された「NHKスペシャル～体感首都直下地震」でも丁寧に触れられていたが、「知識」が「危機意識」を育み、「備え」をするようになる。「備え」の過程で新たな「知識」を得、さらに「危機意識」が一層高まる……といった正のスパイラルに乗ることで、「生き残る知恵」が熟成されよう。「知識」は一朝一夕では得られない。体系立てて日数かけて得ていくものである。多くの書籍が書店にある。ホームページや動画からも得られる。そうして自分自身が自分の身を守り生き抜く「術」「知識」を築いていかなければならない。発災のその日その時、どこにいるか分からないし、その場に出くわすのは自分ひとりだけかもしれない。

　補足するが、感染症においても同様である。自分が感染しない、死なないという強い自覚が必要である。

自らの判断で避難行動を起こす！

　大規模な災害が発生すると毎年のように、行政が発する情報や勧告・指示が遅れたから被害が拡大したとか、何人亡くなったとか報道される。外野的に考えればそう思うし、なぜもっと早く情報を流さないのかと思う。しかし冷静に考えると、行政側も被災していたり、職員の安否さえ不明な中で機能停止に陥っていたり、先が読めない状況下でさまざまな方法を同時に考えなければならなかったりと、的確な判断をタイムリーに広報していくのは容易ではないはずだ。実際の災害場面では、今後ますます「自らの気象データなどの情報収集」「安全な場所の判断」「早い避難行動に移る」等が個人ごとに、一社ごとに求められるのではないだろうか。

5−3　自分の家の中で死ぬな

　誰もが、いちばん安全で安心と思っている我が家、我が部屋。いちばん気兼ねなく心おきなく、極端な言い方をすれば肌着でもいられる場所である。しかし、その我が家、我が部屋は本当に安全なのか、安心して過ごせる場所なのか…。

　過去の災害を思い起こそう。1995年の阪神・淡路大震災では、直下型地震により多くの家屋が倒壊した。私たちはその時、倒壊した家具、建屋で圧死するという現実的な被災を学んだはずである。火災も同時多発発生によって消火活動がままならない、道路と言う道路は渋滞して動けないといったことも学んだはずである。2011年東日本大震災では、太平洋沖を震源とする海溝型地震により、巨大津波が発生し、津波にのまれた多くの悲惨な状況を学んだはずである。原子力発電所の安全に対する脆弱性や大都市部在留者の帰宅困難についても学んだはずである。2016年の熊本地震では、巨大地震が連続で発生することも学んだはずである。2018年の北海道胆振東部地震では、長時間に及ぶ大規模停電について学んだはずである。

　この地球は、いろいろなタイプの巨大地震や異常気象による被災事例を、この数年でたくさん人々に教えてくれた。また、2014年の広島北部大規模土砂災害、2018年の広島呉を中心とした土砂災害も記憶に新しい。2019年9月及び10月の台風15号、台風19号では、多県に渡る広域での風量・雨量の脅威、支流河川の脆弱性、決壊のみでなく越水の現実をも学んだはずである。巨大暴風雨によるさまざまな災害をたくさんの人に教えてくれた。

　話しを戻すが、年々、巨大化する災害に、学びが追い付かない程、多岐に渡る災害で、多くの人が安全・安心と思っていた我が家、我が部屋、その自宅で命を落とす状況が続いているのである。我が家、我が部屋は倒壊しないか、家具は倒れてこないか、火が出たら初期消火できるのか、水や食料品の備蓄はしてあるか、停電になっても明かりはとれるか、再び電気が通った時、出火しないか…。それらを考えることひとつひとつが生き残

る知恵である。自分の働き場所もまたしかりである。

Take a break ⑥　高層ビル、タワーマンションに潜在するリスク

　これまでも、機会あるごとに潜在するリスクに対して「防災対策」が語られてきているが、昨今では、これまであまり語られてこなかったリスクが顕著となってきている。"神奈川県川崎市での事象"や"NHK スペシャル特番"がそれを教えてくれている。

〈その1〉電気室はどこに？

　自分の会社、自分自身が入居しているビルやマンションでは、電気室はどこにあるかご存じだろうか。地下や1階といったフロアに電気室がある場合、浸水したなら電気供給はストップする可能性が充分にあり得る。土嚢や、浸水をシャットアウトする遮断壁が用意されていることもあるが、水量やその勢いによっては浸水は免れない。停電が長期に渡ったり、階段による上り下りを余儀なく強いられたり、冷暖房は効かず、トイレさえ流せなくなる可能性もある。筆者は数年前に出向いた三重県のあるホテルでその状態に直面したことがある。

〈その2〉緊急時用備蓄品はどこに保管？

　入居しているビルが高層である場合、どこの階に備蓄品を保管するかははなはだ考えものである。上層階に保管しておくと浸水リスクはないが、エレベータが止まれば、階段を使ってひとりひとりの手で下すのは容易ではない。かといって地下や1階等は浸水リスクがある。ある企業では、備蓄品を偶数階ごとに分割して保管していた。

〈その3〉通電火災の可能性

　個人の一戸建てでの通電火災については、阪神・淡路大震災の時にずいぶん叫ばれた。揺れから時間を経て、停電が復旧した後の火災が数多く発生したからである。しかしビルやマンションで通電火災を考えたことがあるだろうか。実際には、震源が離れていても長周期地震動により、上層階ほど大きく揺れ、家具や家電製品が散乱し、そこに紙くずや洗濯物がかぶさる状況は、容易に考えられる。電気コードが傷ついていることも考えられる。一旦停電し、その後しばらくして電気が復旧、何らかの事情で電気が供給されたなら、通電火災のリスクは確実に高まると言える。高層ビルで中低層階から出火し

たなら、恐ろしい結果に繋がることは容易に想像できよう。

〈その4〉見晴らしが良いことはイコール長周期地震動が怖い

前述したが、高層のビルやマンションにおいては、震源が離れていても、地震の規模が大きければ、長周期地震動に襲われる可能性は極めて高い。内閣府による以前の報告では、周期2～10秒、最大揺れ幅6m、最大揺れ時間10分といった内容であった。普段は見晴らしが良い高層階ほど、このような状況に見舞われるリスクが高いということである。

〈その5〉エレベータの恐怖

エレベータへの閉じ込められについては、これまでの多くの地震時に都度見られ、多々の高層建物で長い間救出されない状況が見られている。また2019年12月25日の国土交通省住宅局建築指導課からの発表では、2018年に調査範囲としたエレベータの4分の3は"二重ブレーキ"と言われる戸が開いたままカゴが昇降してしまうのを防ぐための装置が設置されていないとしている。詳細は当該データを確認願いたいが、地震の際はエレベータに乗らない、乗っていたらすべての階のボタンを押し、止まった階ですぐに降りることが重要である。緊急地震速報の段階でその行動を起こそう。

〈その6〉停電で水道も断水？

水道は排管等の損傷、破裂等による断水が発生しない限り、各フロア、各戸に給水されるものと思っていないだろうか。ビルやマンションでは、各フロアや各戸の給水に際して、水道管からの"直結直圧式給水方式"をとっているのならば、水道本管が断水しない限り断水しない、しかしよく見られるのは"直結増圧式給水方式"や"貯水槽式給水方式"をとっている建物である。この場合、水道本管が断水しなくとも、ポンプによる給水方式であるために、停電となれば給水が止まり断水となる。

5-4　まず自助、そして共助！　公助は期待するな

「自助」とは「自分自身が助かり生き残ること」、「共助」とは「自分の周りにいる人を助け共に生き残ること」、「公助」とは「行政等の救助や支援によって助かり生き残ること」である。みなその時がきたら公助に期待するものである。怪我にしろ病気にしろ、119番を鳴らせば救急車がやっ

てくると思っている。火が出れば消防車がやってくると思っている。信号機が止まり、交通事故が起これば110番することで警察が駆けつけると思っている。しかし残念ながら大規模災害が起こるとそうはいかない。

　実際にも、これまでの前述した地震、巨大暴風雨災害では、そのような消防署や警察署自体も被災し、車両が水に浸かり、また圧倒的に車両数が不足して、あるいは消防隊員や警察官が署に駆けつけられず、活動が充分できない状況が多く見られた。また、避難場所や避難所も、指揮命令系統の問題や、集まってしまった人々で混乱し、また個人ごとの考えの違いによるストレスや強いられる我慢で安定した運用がままならず、さらに救援物資の配布のバラツキもあって共助についてもなかなか頼るに至らない状況が多く見られるのである。このようなことから考えていくと、おのずと自助の必要性、重要性に達するのである。

　繰り返すが、自分の命は自ら救い、自ら生き残ることである。

5−5　心肺蘇生と AED

　心肺蘇生と AED の使用について、その方法については、関連本が多数発行され、また Web によるサイト検索によってさまざまな関連記事が掲載されているホームページがあることから、詳細を記すことは避けるが、ここでは心肺蘇生法は変わっていくこと、AED は機種によって使い方がさまざまであること、誰かが電車内や路上、公園等で急に倒れたら、まずすべきことのみ触れておこう。

5−5−1　心肺蘇生法は変わっていっている

　心肺蘇生法のおおもとは、国際蘇生連絡協議会（ILCOR）が作成している「心臓救急に関する国際コンセンサス」であり、それをたたき台として国や地域がそれぞれの事情に対応させ個々にガイドラインとして発行している。日本においては日本蘇生協議会（JRC）が「JRC 蘇生ガイドライン」として発行している。おおもとの ILCOR が作成している蘇生ガイドラインは、5年ごとに更新されており、最新版は2015年版となっている。

それに合わせて「JRC 蘇生ガイドライン」も 2015 年 10 月に公表された。
2020 年版は、コロナ禍により発行が遅れている。2015 年版の主な改正点
は以下である。

①胸骨圧迫は、これまでは「5cm 以上沈むように」とし限度が明示され
　ていないが、改正後は「5cm 沈むよう圧迫し 6cm を超えないように」
　と限度を明示。

②胸骨圧迫のテンポについて、これまでは「1 分間に 100 回以上」として
　いたのを、改正後は「100 回から 120 回のテンポ」と変更された。

③同じく胸骨圧迫において「押したらしっかり胸を元に戻す」ことが加え
　られた。

④その胸骨圧迫の中断について触れ、「中断時間は最小限」とすることを
　重視している。人工呼吸を 2 回行うための、胸骨圧迫の中断は 10 秒以
　内としている。

⑤呼吸の異常を感じたら、ためらわずに胸骨圧迫を開始する。
　（呼吸が止まっているにも関わらず一見呼吸をしているように見える
　"死線期呼吸" という症状がみられることがある）

Take a break ⑦　こんなことも知恵の一つ

〈その 1〉誰でもできる第一段階のトリアージ

　トリアージとは「症度判定」のことで、wikipedia から引用するなら「患
者の重症度に基づいて治療の優先度を決定して選別すること。語源は「選別」
を意味するフランス語の "triage"。救急事故現場において、患者の治療順位、
救急搬送の順位、搬送先施設の決定などにおいて用いられる。識別救急とも
称する」としている。この言葉は、1995 年に東京で発生した「地下鉄サリ
ン事件」の際や、2005 年に兵庫で発生した「JR 福知山線脱線事故」で耳
にした読者も多いのではなかろうか。
　医療従事者が行うことと思っている人も多いであろう。しかし一般人でも
ひとつだけでき得ることがある。それが、第一段階トリアージである。多く
の傷病者を目の当たりにした場合、「歩ける人いますか〜」と大きな声で伝
え、「歩ける人は、こちらに集まってくださ〜い」と言い、安全な場所の一
角に集めることである。トリアージタッグといった黒・緑・赤・黄の札は、

医療従事者に委ねることとなるが、歩行ができる傷病者を集合させるだけ
で、専門的には、緑のタッグとなる「第三優先治療群」として識別できたこ
とになるのである。医療従事者は、すぐに黒の「治療困難群」、赤の「第一
優先治療群」、そして黄の「第二優先治療群」識別へと進めることができる
こととなる。昨今では、市民参加型のトリアージ教室も市町村単位で開催さ
れ、全国に広がりつつある。

　（"トリアージ"は"優先選別"を意味することから、医療に限らず緊急時
に何を優先してすべきかについて語る時にこの用語を使うことがある。"情
報トリアージ"とか"避難トリアージ"等と呼ばれることもある）

〈その2〉挟まった人の救出は慎重に！

　建物の中で柱や梁、家具等によって挟まっている、又は車両事故によって
車内で椅子や壁等に挟まっている負傷者を見たら、すぐに引き出してあげた
いと思うのは当然である。しかし注意しなければならない。長時間、上肢や
下肢が挟まれた場合、その圧迫が原因で筋細胞が壊死し、それによってカリ
ウム等が血液中に大量に漏出、高濃度となることがある。救助等によって圧
迫が一気に解放されると、そのカリウム等が毒物となって全身障がいを発症
させ、あるいは圧迫中に生じた血栓が心臓等に詰まって心不全を起こし、
せっかく救出したのに死に至るという、クラッシュシンドロームが起きるこ
とに繋がる可能性があるということである。

　挟まれ時間が短ければ救出が第一であるが、災害発生後、明らかに半日、
一日と経過した中では、救急隊や医師の到着を待ちたい。

5-5-2　AEDの使用方法はさまざま

　　AEDは、自動体外式除細動器といい、多く
のメーカーが製造し、昨今では街中のあちらこ
ちらで見かけるようになっている。不特定多数
が訪れる、公共交通機関や百貨店、スーパー、
コンビニ、行政機関、学校、病院、医院等々非
常に身近な存在となってきている。ぜひ、自分
の今もっとも近いところでは、どこにあるだろ
うか気にすると良い。なお、最近のAEDでは、
カバーを開けると自動でスイッチが入り、自動

音声によって何をすれば良いか知らせてくれるため、その音声ガイドに従って対応すれば、問題なく誰でも使うことができる。しかし中には、スイッチを自ら押さないと電源が入らず、また自動音声が流れない機種もあり、簡単な取扱説明書を見ながら進めなければならないものもある。このことを知っておくだけでも、その時に慌てないで済む。

5−5−3　街中で急に倒れた人を見かけたら

慌てずに、以下の順で、動くと良い。

①倒れている人の反応を確認する

　→意識の有無（肩を叩きながら声に出して大丈夫ですかーと）

　→呼吸の有無（鼻口周辺の観察、胸の上がり下がり）

　→呼吸をしていないようなら、以下の②と③を頼み、すぐに胸骨圧迫を開始）

　※呼吸の有無確認は、感染症拡大下では要注意。胸骨圧迫は、指導を受けて体感しておかないと効果が得られない場合あり。

②周辺の人に「そこのあなた」と指図して、口頭で119番通報を頼む

③「別のそこのあなた」と指図して、口頭でAEDを持ってくるよう頼む

　→②や③では、指差しで個人を特定し依頼する。そうしないと誰かが動くだろうと誰しもが思ってしまい、すぐに行動してもらえない。

④胸骨圧迫及び人工呼吸を行う。胸骨圧迫連続30回した後、2回人工呼吸

　→人工呼吸（マウスツーマウス）は、感染リスクを避けるため、人工呼吸用マウスピース（マウスシートともいう）を使用。感染症予防の観点では行わない方が良いという声も多い。

⑤AEDを手順に従って使用

　・ふたを開ける

　・電源を確認する（自動タイプと手動タイプがある）

　・電極パッドを貼る

　・音声指示に従ってボタンを押し、電気ショックを与える

　（電気ショックを与える‐ボタンを押す－際は、傷病者から離れる）

⑥胸骨圧迫と人工呼吸を再開する

注）感染症予防のためには、救助者自らマスクを着用することと、取り巻きの人々との距離を見充分確保すること等が必要である。

Take a break ⑧　AEDが泣いている

〈その1〉どこにあるのだろう

身近なところとして、最寄りのどこにAEDがあるかご存知だろうか。意外と知らないで過ごしているのではないだろうか。

〈その2〉あれ？いつものところに無い！

確かあそこにあったはず、と思って行ったらそこにない…。このようなことがあり得る。筆者は機会あるごとに、AEDの設置者には、一度設置したら場所を動かさないことを推奨している。人々の記憶に残っていることが大事である。

〈その3〉えっ、小児用もあるの？

一般的なAEDや心肺蘇生方法と言えば、成人向けである。しかしそれが必要となる相手（傷病者）は成人とは限らない。特に乳幼児から小学校低学年までの子供には、成人用AEDや成人向け胸骨圧迫の方法は適さない。最近の機種ではケース内に小児用が入っていることもあるが、必ずしもそうではないことを知っておきたい。

〈その4〉普通救命講習受けています！だいぶ前だけど

地域の消防署や赤十字社で、心肺蘇生とAEDの使い方を教えてくれる普通救命講習が行われている。住民には無料のところもあるし、わずかながらお金を取るところもある。半日で行われる成人向けのコースもあれば小児向けのコースもある。また1日かけて行われる上級講習もある。このような救命講習を受けて、その資格を持っているという人も少なくない。知っておきたいのは、前述した通り、手順の改正によって、方法が変わることがあるということである。そのために有効期限を設けた講習修了証となっている場合がある。またたとえ有効期限がなくとも一般に3年間に1度は、講習を再受講することが推奨されている。

〈その5〉医療行為（医師法違反）にならないのか？

心肺蘇生を施すことやAEDを扱うことは医療行為にならないのか、手を

出して悪化したら問題とならないか、と言った疑問をもつことがあるだろう。その心配は無用である。現在の法律下では、"救命講習を受けている者が"といった条件を満たしていれば、医療行為（医師法違反）に該当しないとしている。（2004 年 7 月 1 日／2013 年 9 月 27 日改正厚労省医政局長通知"非医療従事者による自動体外式除細動器（AED）の使用について"参照）。なお 2016 年のデータでは、一般市民が目撃した心原性心肺機能停止傷病者 25,569 人の内、一般市民が心肺蘇生を実施した傷病者数は 14,354 人に上り、全体の 56.1％を占め、さらに一般市民が AED を使用した傷病者数は 1,204 人となっていて、心肺蘇生をしなかった傷病者に対して、1 か月後生存者数、1 か月後社会復帰者数は、圧倒的に高いという数値が表れている。2019 年 12 月に国立循環器病研究センターが発表した結果でも、後遺症を減らせ自立して生活できるようになる比率が、AED を使わなかった場合の 1.5 倍だったとしていることからも、一般市民の積極的な AED 使用が有効であることがわかる。

〈その 6〉　意識がなくても体を隠してあげて

　傷病者本人は、もし心肺停止状況であれば意識はない。そのような状況であっても、是非とも体を隠す配慮をしてあげたいものである。男女問わず、心肺蘇生を施し、また AED を使う段となれば、たとえ着衣をはだけさせなくとも胸周辺を多くの人の目にさらすことになる。心肺蘇生及び AED を交互に担当する 2 人を除いて、別の人が毛布等で周りの目から隠す工夫をすることをお勧めしたい。ちなみに可能であればだが、傷病者を少しでも床や路上に直に寝かせずに済むよう、敷物があればより良い。そのような時のために AED の傍らに毛布や敷物が準備されているとなお一層良い。

5-6　机上訓練と実動訓練

　訓練と言うと、たいがい実働訓練、つまり体を動かす訓練を連想し、実際にも多くの企業では、当日の出勤者によって体を動かす訓練、機材を動かす訓練が見られる。しかし訓練には、体を動かしてみる訓練とは別に、机を囲んでさまざまな意見や考え、方法を議論し合う机上による訓練もある。ハザードマップを皆で囲んで、どのような箇所に危険があるか、逃げる方向はどこか等を話し合ったり、避難所となる施設の平面図を囲んで、

どのように設営し、避難者を誘導していこうか話し合ったりといった訓練を別名「図上訓練」と呼ぶこともある。

　主な机上（図上）訓練と実動訓練をみてみよう。

5－6－1　机上（図上）訓練

火災訓練

　災害時を想定した机上（図上）訓練で、もっともおすすめしたいのが「火災訓練」である。一般に「火災訓練」というと体を動かす方の訓練が採用され、「通報」「初期消火」「避難・誘導」を実際に装置や機材を使って「やってみる」訓練が多いが、筆者がおすすめする「火災訓練」は、よりリアルな想定での机上（図上）訓練である。想定をさまざまに細かく設定してみることで、有効な訓練となる。企業が活動する建屋（ビルでも工場でも）の平面図を数名（幹部らでも良いし部門別でも良い）で囲み、「どの季節・月」の「どの曜日」「出火場所はどこで何時に出火か」「その時の出勤者はどれだけ」「一般客の来社、来店状況」「当日の天候や風向き」等を想定して、「さぁ、誰がどう動けば良いか」「どの方向に逃げればいいか」「狭い間口に人が集中したらどのくらい避難に時間がかかるか」「消火器は使えそうか」「どの場所なら避難後も安全か」等々を議論し合うのである。

　リアルに考えれば考えるほど議論に熱が籠ってくるものである。これでは逃げ切れない、消火しきれないといった現実も見えてくるかもしれない。

Take a break ⑨　「避難場所」と「避難所」の違い

　「避難場所」と「避難所」を同一と思っていないだろうか。「避難場所」とは、一時的、緊急的に身の安全を守るために避難する広場や運動場、公園等を言い、避難生活をすることはできない。食料品や水等の備えもない。「避難所」とは、災害等によって住宅を失う（住むに堪えない状況）等、被災した人、被災の可能性がある人がある期間避難して生活をするところを言う。「避難場所」と「避難所」を兼ねている場合もあれば別々の場合もある。「避難場所」も「避難所」も、当該地域の住民に限らず、その地を訪れているビジネスマンや観光客も対象となることは知っておきたい。地域ごとのマップ

で確認しておきたい。（地域によっては、この違いを確実に識別表示していない場合があるので、注意が必要である）

　なお、首都圏でひとたび大きな災害が発生すると、現在の「避難所」の数では圧倒的に収容数が不足すると言われ大きな課題となっている[注]。

　「避難場所」は、同時多発的に火災が発生することで、火災旋風が起こり、炎に取り囲まれるといった事態も想定されており、どの方向、どの避難場所が命を守れるか、その時の瞬時な判断に委ねられてしまうこともあり得る。

避難場所マーク		避難所マーク	
JIS マーク	地図記号	JIS マーク	地図記号
広域避難場所 (JIS Z 8210 6.1.4)	緊急避難場所	避難所（建物） (JIS Z 8210 6.1.5)	避難所

国土地理院資料より引用

注）最近では、神社や寺も活用できるのではないかという意見も出てきている。神社や寺は全国で 15 万以上あると言われており、コンビニエンスストアの数よりはるかに多い。

〈ホテル・旅館も避難所として活用の動き〉

　これまでの災害でも、市区町村等が開設する避難所だけでは十分でないという声があったが、「新型コロナウイルス感染症」拡大の中で、新たな動きが具体化してきている。

　内閣府や総務省消防庁等は、2020 年 4 月 28 日付で、都道府県に対し、災害時の避難所としてホテル・旅館を活用するよう要請している。

　通常は、宿泊客の予約がある中で、どれだけの客室が確保でき、また不特定多数の受け入れが可能かどうかは、はなはだ疑問ではある。

〈避難場所や避難所は、普段の生活ができるような便利さはない！〉

　これまでの震災や豪雨災害で、都度避難場所や避難所が開設され、多くの被災者によって使われているが、必ず課題となるのが、さまざまな配慮が不足するということである。トイレの問題や音・灯り、衛生的な問題までいろいろである。しかしよく考えてみると、そこは緊急的に避難する場所である。普段の生活のような便利さはなかなか得られない。長い年月と重なる災害対

応を経て、徐々に改善され、配慮の程度は進展しており、行政や地域のボランティアらの訓練の積み重ねによって、開設・運営レベルは各段に上がってきていると言えるが、いつものような生活の質や程度は得られないと覚悟しておきたいものである。

　なお、避難所における感染症対策については、「8-5　感染症対策」を参照されたい。

〈避難する先は避難所にかぎらない〉

　「新型コロナウイルス感染症」下で昨今叫ばれているのが、分散避難である。これまでの避難所だけでは、収容人数が半減してしまう。知人や親戚宅、そして自宅に留まることも考えねばならない。緊急の療養先となったホテルも対象となろう。その時々に最良の避難先を考える必要がある。

災害対策本部設営、始動、マスコミ対応訓練

　災害対策本部の設営、運用について、都道府県や市区町村、大規模企業では行われていることがあるが、中小企業においてはほとんど行われていない。その時になっていきなりうまくできるものではないのが、この本部設営から始動、そしてマスコミ対応である。

　組織の規模を問わず、検討し、机上で良いから手順を決定し動きを検証してみることに期待したい。

①本部をどこに置くか（被災により異なるが、決めておかないと集合さえできない）

②組織体制をどうするか（業務上の職位や職制を超えた緊急な権限付与を考慮）

③本部内のレイアウト（いつもの席でいつものレイアウトでは機能を発揮しない）

④通信手段の設定（外部からの問い合わせ受付用、外部への発信用、内部伝達用）

⑤タイムライン（時系列に従った動き−指揮−）の可視化

⑥いつ、どの段階で設置し始動するか（発災してすぐに設置できるものではない）

⑦マスコミ対応手順（消極的だと非難される！積極的な対応をする）

DIG（ディグ）訓練、HUG（ハグ）訓練

〈DIG 訓練〉

　当該地域の実際の地図、ハザードマップを用意し、その上に油性マジックで書くことができる透明シートを敷いて、山間部や河川、海岸線、主要道、住宅密集地、商店街や大型スーパー、学校、警察署、消防署、避難場所、避難所等を色を違えたマジックでマーカーしていく。そして、災害（地震、津波、火災、土砂災害等複合的に考える）が発生した場合、どのような被害が発生するか意見を出し合い、どこが安全でどこが危険か、避難はどんな手段や方向が良いか、家屋やビルの倒壊、火災による旋風発生、人々が集中した中で起きる群衆雪崩、警察や消防拠点自体の被災による救助の遅れ、それに備えて今、何をしておかなければならないかを考えていくDIG訓練。自治体等で行われることが推奨される訓練であるが、たとえば工業団地や、ある程度の規模の工場群を形成する企業では、有効と考えられる。やり方の詳細は、「DIG 訓練」で検索すると良い。

〈HUG 訓練〉

　避難所を運営するメンバーのひとりとして動かなければならない時、どのように考え、始動させていけば良いかを考える訓練として、「HUG 訓練」がある。静岡県が開発した訓練手法であり、具体的手順や資料が静岡県のホームページから得られる。もし、工業団地や入居しているビルで、避難所を有しそのメンバーに選ばれていたなら、ぜひ企業を挙げて訓練しておくことをお勧めしたい。

　なお、避難所設営訓練では、今後、これまでの知見に加えて、感染症対策内容を盛り込む必要がある。避難所設営には一般住民の参加や協力が欠かせないが、感染防止が先に重要となってきた。感染症対策の知見が、責任者育成にも急務となっている。

社内避難所設営訓練

　被災の状況、程度によっては、行政が開設した避難所に避難せず、社内に留まるのもひとつの避難方法である。都道府県や市町村によっては、帰宅困難者対策として、社内に留まることを条例で定めている場合がある。

　その場合、いつものデスクや作業場所に従業員を留めるだけで良いのだろうか。筆者は、規模の違いあれ、社内においても避難所設営の考えをもつことを推奨したい。

　ひとたび巨大災害が起きれば、今や容易に帰宅するのは困難である。ましてや地震や津波等で道路や鉄道が寸断されれば、1晩で済む話ではない。場合によっては数日間、社内泊りになる可能性も高い。

　可能であれば、このような事態に際して社内に避難所を設営するのである。その設営について手順を確立し机上で訓練しておくのである。

①スペースの確保（いつものデスクや移動可能な設備は移動する）

②照明や情報の確保（暗さと情報飢餓は不安を募らせる）

③床を直接使用できるようにする（必要ならブルーシート等を敷く）

④ひとりひとりのスペース確保（くっついていられるのは数時間）

⑤女性への配慮（可能であれば仕切りの用意、トイレやロッカーへの行きやすさ）

⑥けが人、病人の配慮

⑦共通電源、共通パソコン、共通電話、共通テレビ等の確保（なるべく一か所、一台等にまとめる）

⑧二次災害に備える（出入口の確保、窓際から離す等）

⑨レイアウトづくり（この良し悪しが居心地を決める、密にならない工夫も）

⑩毛布・水、軽食等の配付（備蓄してある場所に取りに行けることが重要）

⑪規律の確保（みんなの最低限のマナールール決め）

⑫開設中の責任者決め（男性側、女性側）　　　等である。

　HUG（避難所設営）訓練のミニ版と考えても良い。

Take a break ⑪　複合災害によっては避難所がクラスター発生源にも

　さまざまな複合災害が危惧されるが、とりわけ「感染症拡大災害」と「自然大災害」が重なった場合は、避難所の開設、運営が極めて困難になると容易に想像できる。避難所はともすると "①換気悪く②多くの人が③近距離で接し合う" 空間になってしまうからである。

　各自が長期間にわたり、社内や家庭に留まらざるを得ないことを考えておかなければならない。さらに言えば、避難所が開設されることで、クラスター発生の危険が高まるといったリスクが生じかねないのである。

　内閣府では、消防庁、厚生労働省の連名にて、各地方自治体向けに 2020 年 4 月 7 日付で「避難所における新型コロナウイルス感染症への更なる対応について」を発表し、複合災害に向けた考えを示した。

　①可能なかぎり多くの避難所の開設

　②親戚や友人の家等への避難の検討

　③自宅療養者等の避難の検討

　④避難者の健康状態の確認

　⑤手洗い、咳エチケット等の基本的な対策の徹底

　⑥避難所の衛生環境の確保

　⑦十分な換気の実施、スペースの確保等

　⑧発熱、咳等の症状が出た時のための専用スペースの確保

等である。

　なお、複合災害を考える時、充分注意しなければならないのが、大型イベント（国際スポーツイベント等）と巨大地震との複合である。発生する前に対策を進めなければならない。

　また、複合災害として意外と考えられていない事象に「災害時のアスベスト飛散」「災害時のPCB漏洩」もあり得る。考えているだろうか。

5−6−2　実働訓練

　実働訓練では、とにかく従業員を巻き込むことである。呼びかけによくある「各部各課から参加できる方は参加してください」とか「各所から代表2名ずつお願いします」とかはやめて、「可能な限り全員参加してください」へと改善すべきである。その日その時にいる全員で取り組みたい。

　トップマネジメントや各階層の責任者は、そのためにも、訓練の際に"仕事を優先させない"ように指示することである。

シェイクアウト訓練、避難場所・避難所移動訓練

　シェイクアウト訓練は、巨大地震を想定した一斉防災訓練のひとつである。発災に際して、まずは自分自身の命を自分で守らせる訓練であり、避難等の行動に移る前の、「地震発生」の声とともに、今いる場所で「まず低く」「頭を守り」「動かない」を実際に行う訓練である。どんな場所でどんな状況下にあっても、この行動をとる訓練として、すでに学校や行政機関等で多く行われている。

　なお、シェイクアウト訓練は「まず身を守る」訓練として有効と言えるが、他方、揺れが激しい巨大地震では、机やいすが床を走るように移動することから、身を守り切れないと指摘する声もある。

　避難場所への移動訓練は、設定された避難場所へ、その時の状況下で移動する訓練である。避難場所は指定した1箇所であるとしても、社屋外の一時的集合場所は1箇所とは限らないし、むしろ被害が生じている、または火災が発生していると想定される方向の集合場所には、逃げるのは現実的ではない可能性がある。逃げる途上、通路が十分に確保されているのか、

非常口がすぐに探せるのか、その扉は誰しもが容易に開けることができるのか等々、想定した事象に応じてリアルに訓練することである。

　煙が立ち込めていると想定すれば、立っての移動ではなく、這っての移動もあり得るであろう。

　さらに、避難場所や避難所への移動も、実際にみなで行ってみることが期待される。距離はともかく、途中に橋やアンダーパスがあれば、想定によっては立ち往生することとなる。ブロック塀があれば、その構造によって倒れる可能性も見えてくる。門柱や石灯篭、瓦はずれ落ちることも考え考え歩くことである。

安否確認訓練

　安否確認については、携帯電話各社による「災害用伝言版サービス」やNTTによる「災害用伝言ダイヤル（171）サービス」がある。しかしこれらは常時試せる訳ではなく、「災害用伝言版サービス」は9月1日等防災行事の際に訓練向け解放があるのみで、「災害用伝言ダイヤルサービス」は災害時に提供されるのみである。

　そのような中、安否確認訓練サービスを提供している会社もある。また、後述するがLINEのグループ機能を利用して訓練を行っている（実際の災害で行った）企業もある。

　最初は、何日の何時に行うからと事前告知しておいて行っても良いが、回数重ねる中では、ぜひ事前非通知で行うことをお勧めしたい。また可能であれば、早朝や深夜時間帯等を組み合わせるとなお有効である。

　いつまでに全体の何割から返答があったかを毎回確認し、最初は目標を持たなくても良いが、徐々に目標設定をし、たとえば生死の境目と言われる72時間以内に、100％の返信を得るといった指標や目標値を持っても良いと思う。

　昨今、安否確認サービス提供は格段に進展しており、Googleによる「Googleパーソンファインダーサービス」や企業や団体が収集した安否情報をまとめて検索できる「J-anpiサービス」等も運用が始まっている。

　また、トヨクモ株式会社では安否確認アプリを開発、提供サービスが始

まっている。いずれについても調べてみると良い。

停電時・夜間時訓練

　昨今の地震や台風では、たびたび広域かつ長期の停電が発生している。自家用発電機を有する組織は少ないであろう。もしその機能があったとしても、数時間とか十数時間といった具合であり、使用範囲を限定しても数十時間といった長期日数可能であるという企業は、ほんのわずかと思われる。

　北海道胆振東部地震の際のほぼ北海道全域に及ぶブラックアウト時、一部のコンビニエンスストアが発電機や電気自動車からの給電で、営業を続けたという良い話しも聞くが、全体ではまだほんの一部と言える。

　そのような実情の中で、ぜひ訓練では「真っ暗」を想定した訓練をお勧めしたい。非常灯がきちんと作動するか、どの程度の照度なのか、安全に避難するのに問題ないか、または各自の携帯電話等の"ライトアプリ"が使えるのか等である。緊急事態下で、ライトアプリは電池消耗の関係で、なるべく使いたくないと使用を避ける人も多いかもしれない。

　また、3直勤務等深夜勤務の企業も多数あると推察するが、深夜勤務の人だけの訓練もまた重要かつ必要ではないかと思われる。

休日・深夜指示応答訓練

　安否確認訓練で少し述べたが、緊急事態が平日の昼間とは限らない。休日や深夜に従業員に指示等が飛ばせるかもまた重要なカギとなる可能性がある。2019年10月の台風19号の際、長野県のある企業では、実際に休日のかつ深夜3時に、安否確認とともに、翌日出勤不要、安全優先で自宅待機、自宅ででき得ること（たとえば顧客先への安否確認）を進めるといったことを、通話でなく文字情報で一斉送信していたケースもあった。

Take a break ⑫　普段から気をつけたい「群衆雪崩、将棋倒し」

　すでに触れたが、2019 年 12 月に放送された NHK スペシャルでも、この「群衆雪崩」や「将棋倒し」の恐怖について紹介していた。「群衆雪崩」は、狭い空間に多くの人々が集中した中で、一刻も早くこの場を脱出しようと前へ前へと急ぐことで、主に高齢者や女性、子供らがひとり倒れることをきっかけとして、併せて何人かが転倒し、転倒した人を踏みつけて進んでしまうことで多くの死傷者を生んでしまう現象、「将棋倒し」は、階段等でひとりが転倒したはずみで、多くの人が崩れるように倒れることで多くの死傷者を生む現象である。

　この現象は地震の時等に、路上や駅構内、避難場所等に多くの人々があふれた際に発生しがちであるが、そのような時に限らず、日々の身近なところでもその危険が潜んでいる。イベントで人が集まっている時や、普段からの通勤途上でもあり得る。2001 年に明石花火大会で起こった歩道橋上での事故では、11 人が亡くなり、247 人が重軽傷を負っている。また通勤途上ではいつ誰かがつまずくことで起きる可能性があるし、ましてや駅等の階段で携帯電話をいじりながら下りている人がもし一段踏み外したら、同じ事故が起きることは目に見えている。

　確実に安全とは言い切れないが、筆者は、人が集まるところや階段等では、可能な限り、端や手すり際を歩くようにしている。

5−7　法令知識の入手、活用

　ここでは、先に「防災」に関する法令体系について整理してみたい。

　災害に関する法令は多数あるが、「災害対策基本法」の下に 3 つに分類される。事前対策にあたる「予防措置関連」、災害が発生した時点でどう動くかを定めた「応急措置関連」、事後対策にあたる「復旧・復興関連」に分かれる。

　「応急関連」では「災害救助法」「警察法」「消防法」「自衛隊法」「水防法」等である。「復旧・復興関連」では、「激甚災害法」「被災者生活再建支援法」「災害弔慰金の支給等に関する法律」等々である。

　本書は、「防災・減災」を主体としているので「予防関連」の法令につ

いて述べる。

5-7-1　予防関連の法令体系

　一番上位にある法律が「災害対策基本法」である。

　この「災害対策基本法」は以下の6つの柱で構成されている。

　①防災に関する責務の明確化

　②総合的防災行政の整備

　③計画的防災行政の整備

　④災害対策の推進

　⑤激甚災害に対処する財政援助等

　⑥災害緊急事態に対する措置

である。一見民間企業には縁遠いように感ずる法律である。しかし、その柱のひとつ、3つ目の「計画的防災行政の整備」の中で「中央防災会議」の設置と「防災基本計画」を策定することが挙げられている。

　そしてその「防災基本計画」の中に「企業防災の促進」という箇条がある。

　引用してみよう。

　企業は、災害時の企業の果たす役割（生命の安全確保、二次災害の防止、事業の継続、地域貢献・地域との共生）を十分に認識し、各企業において災害時に重要業務を継続するための事業継続計画（BCP）を策定するよう努めるとともに、防災体制の整備、防災訓練、事業所の耐震化、予想被害からの復旧計画策定、各計画の点検・見直し等を実施するなどの防災活動の推進に努めるものとする。

　これが、本書でずっと述べている「企業防災」の法的根拠である。

　なお、基本法の下には、災害種別に応じていくつもの法律が制定されているので、個々に主要な法律を示す。

地震・津波	大規模地震対策特別措置法 津波対策の推進に関する法律 ・地震財特法 ・地震防災対策特別措置法 ・南海トラフ地震に係る地震防災対策の推進に関する特別措置法 ・首都直下地震対策特別措置法 ・日本海溝・千島海溝周辺海溝型地震に係る地震防災対策の推進に関する特別措置法 ・建築物の耐震改修の促進に関する法律 ・密集市街地における防災地区の整備の促進に関する法律 ・津波防災地域づくりに関する法律 ・建築基準法
火山	活動火山対策特別措置法
風水害	河川法 海岸法
地滑り、 がけ崩れ、 土石流	・砂防法 ・森林法 ・地すべり等防止法 ・急傾斜地の崩壊による災害の防止に関する法律 ・土砂災害警戒区域等における土砂災害防止対策の推進に関する法律 ・土砂災害防止法
豪雪	豪雪地帯対策特別措置法 積雪寒冷地特別地域における道路交通の確保に関する特別措置法
原子力	原子力災害対策特別措置法
その他全般	被災者生活再建支援法 災害救助法 地震保険法 密集市街地整備法 耐震改修促進法 気象業務法 海洋汚染等及び海上災害の防止に関する法律 石油コンビナート等災害防止法

出典：「災害法体系について」内閣府政策統括官（防災担当）付参事官（総括担当）付
　　を基に、一部筆者が加筆した。

一般企業に直接に関わる法令としては、建築基準法下で耐震基準が決められ、規定された時期以降の建築物については一定の基準を満たすことが求められている他は、直接的な内容は少ない。

特に、企業が自らの従業員や顧客の安全を災害から守るという観点では、労働安全衛生法の諸点を除いては薄い。ただし、昨今の裁判所判例では、従業員や顧客側が自然災害により命を失った場合、命を失わせたプロセスやその対応によっては企業側、管理監督者側の責任を問われ始めているのも事実である。

> **参考**
>
> 労働契約法では、その第5条で「使用者は、労働契約に伴い、労働者がその生命、身体等の安全を確保しつつ労働することができるよう、必要な配慮をするものとする。」と規定している。
>
> また、過去の裁判所判例でも"災害時であっても顧客や従業員に対する安全配慮義務は免れない"としている。

5−7−2　法令情報の入手

経営者や管理責任者、認証機関審査員であれば、ぜひ以下のメールマガジンに登録して最新情報を得るようにしたいものである。

国土交通省 メルマガ	国土交通省	http://www.mlit.go.jp/information/touroku/R-1_regist.html
厚生労働省 メルマガ	ひと、くらし、みらいのために 厚生労働省 Ministry of Health, Labour and Welfare	https://www.mhlw.go.jp/mailmagazine/index.html
内閣府 メルマガ	内閣府	https://nmg.cao.go.jp/cao015/subscribe.php
防災士 メルマガ	Japan Bousaisi Organization 認定特定非営利活動法人 日本防災士機構	http://bousaisi.jp/information/magazine/top/

参考

感染症関連法令

　「新型コロナウイルス感染症」の拡大阻止のため、「改正新型インフルエンザ等対策特別措置法」が2020年3月10日に閣議決定され同13日付で成立、公布され翌14日施行された。当初は改正という形をとらずこれまでの新型インフルエンザ等の "等" に該当させればすぐに措置法の効力が発揮できるのではないかという議論もあったようだが、その後、与野党の協力により異例の速さで改正されている。

　本法律の改正ポイントは、該当する感染症に「新型コロナウイルス感染症」を加えたに過ぎないが、もともとこの法律のポイントは、①発生に備え行動計画を作成すること、②発生が確認されれば政府対策本部を設置し、都道府県知事や市町村長も対策本部を設置する、③全国的かつ急速な蔓延によって国民の生命や経済活動に甚大な影響を及ぼすおそれがある場合 "緊急事態宣言" を発し、外出自粛要請等の措置を可能とする等であり、緊急物資の運送要請や特定物資の売渡し要請、生活物資の価格の安定等を行っていくといった点である。

　本法を根拠として、実際に2020年4月7日に7都府県に、同16日に全国すべての都道府県に "緊急事態宣言" が発令され、また、各都道府県知事から、外出自粛、休業の要請等が出された。休業要請に応じない店舗企業に対しては、店名公表や休業指示に至っている。

　残念ながら、第2波を迎えるにあたり、緊急事態宣言再発令の基準は不明確のままだ。品質管理、マネジメントの側面から言えば、アクションに向けた基準が不明確であることほど頼りないことはない。

　「新型コロナウイルス感染症」拡大に際しては、運用面や感染拡大が先行し、むしろ法的根拠づけが後から行われた感が否めないが、今後さまざまな検証により、次の脅威に備えなければならないと言える。

　なお、感染症に関連した法律としては、「感染症法（感染症の予防及び感染症の患者に対する医療に関する法律）」があり、直近では2014年に改正され2016年4月に施行されているが、本書ではその詳細は略す。

第6章

防災介助士としておススメする
学習と訓練

　この章では、防災士同様、筆者自身が防災介助士であることから、その立場としてお勧めする学習と訓練について、「防災介助士」という、もしかしたらさらに聴き慣れない資格について紹介を含めて述べてみたい。

6−1　防災介助士とは

　防災介助士という資格をご存じだろうか。「防災介助士」は、公益財団法人日本ケアフィット共育機構が認定している資格制度である。同機構ホームページから引用すれば、「高齢者や障がい者など支援や配慮が必要な方々（災害救助法にいう要配慮者、避難行動要支援者）への対応に焦点を当て、いつでも起こりうる災害について理解し、普段からどのように備えるか、災害時にどのように行動し、実践に結びつけるのかを身につける」ために一定の講習を受講し、検定試験に合格することで認定される資格である。

　講習内容の一部は、前述した「防災士」講習と重複する部分があるが、さまざまなロールプレイングが加えられている点は特長的である。

6−1−1　資格取得までの流れ（2019年8月現在）

ステップ1　講座テキストの事前学習と課題提出

　申し込みをすると、講座テキストと提出課題が届くので、事前学習し課題（設問100問を解く）を作成、提出する。

　講座テキストの目次を以下に示す。

はじめに		第2章	地震災害
第1部 防災介助士の基本理念と社会的必要性		第3章	津波災害
		第4章	火山とその関連災害
第1章	防災介助士の基本理念	第5章	風水害と土砂災害
第2章	防災介助士の社会的必要性	第6章	都市災害と火災
第2部 防災介助士に必要な防災の視点		第7章	新興感染症
		第8章	ヒューマンエラーによる大規模事故
第1章	防災における地域コミュニティの重要性	第9章	原子力災害と放射線被害
第2章	災害伝承や地名由来を知る	第10章	テロ災害
第3章	「自助・共助・公助」の概念	第4部 災害時に即応する防災技術	
第4章	避難行動の原理		
第5章	避難行動要支援者への支援	第1章	緊急時に備える防災態勢
第6章	避難行動支援者に対する具体的介助方法	第2章	インシデント・コマンド・システム
第7章	災害ボランティア活動の重要性	第3章	被害軽減に貢献する防災・介助
第3部 災害事象の理解と対応		第4章	復旧・復興のシステム
第1章	防災サイクルの確立と災害対応情報	第5部 関連法規・制度	

【ステップ2】　**実技教習の受講と検定試験**

　指定された日程、会場で実技教習を受講する。実技教習は1日限りであるが、その最後に検定試験が行われる。検定試験は筆記で行われ、50問100点満点となっており、70点以上で合格となる。

【ステップ3】　**登録申請**

　登録申請時に救急救命講習の修了証、認定証等のコピーを添えて申請書提出することで、登録後に「防災介助士」としての認定証が届く仕組みとなっている。

6－1－2　実技講習の概要

　実技教習の概要を以下に示す。

9：30	オリエンテーション	12：00	休憩
9：50	災害の理解	13：00	救急及び介助技術②
10：10	自らの命を守る	15：30	ロールプレイ
10：40	地域の安全を守る	16：40	全体のまとめ
11：00	救急及び介助技術①	17：00	検定試験

6－2　高齢者、障がい者の被災状況と支援の必要性

　2011年3月11日の東日本大震災では、被災地全体の死者数の内65歳以上の高齢死者数が6割に上り、障がい者死亡率は、被災地住民全体の死亡率の2倍であったという。また、東日本大震災に限らず、災害時に人命が失われている内の多くが高齢者や障がい者であるのは、これまでの報道でも明らかである。

　警察庁がまとめた東日本大震災での被災3県（岩手県、宮城県、福島県）の死者の年齢別内訳の円グラフが以下の通り。

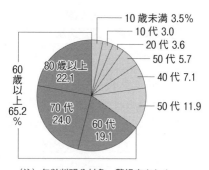

（注）年齢判明分対象。警視庁まとめ

出典：JIJI.COM ホームページ

　以下は、宮城県及びJDF（日本障害フォーラム）みやぎ支援センターがまとめた「宮城県沿岸部自治体における住民と障害者死亡率グラフ」である。

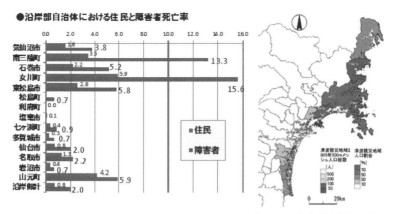

出典：JDF みやぎ支援センター

　それぞれの企業内においても、高齢者雇用や障がい者雇用は当たり前になりつつあり、年々その比率が高まっているものと推測される。

　そのような中で、災害により被災した場合でも、若年・中年層や健常者だけでなく、高齢者や障がいを有する人々も助かり生き残ることが重要である。

　平成18年に「災害時要援護者の避難支援ガイドライン」が発行され、高齢者や障がい者、外国人、乳幼児、妊婦等に向けた支援について書かれているが、どちらかと言えば本ガイドラインは、各家庭レベル、市町村レベルで何ができるかが主軸となっていて、企業で働くそのような人々に対する内容にはなっていない。

　よって個々の企業が考えていかなければならない課題と言える。ここでは、特に障がいを有している従業員への対応について触れたい。

6-3　お勧めしたい学習、訓練

　防災介助士として是非お勧めしたい学習、訓練として、前述した実技教習の中でも触れられているが、「障がいの種別に応じた介助支援」、そして「応急手当法」、「ロープワーク」について取り挙げよう。

　個々について簡単に紹介する。

6－3－1 障がいの種別に応じた介助支援

「障がい者」と言えば一般的には身体の一部が動かせない障がい者を思い浮かべるが、その種類はさまざまである。「障がい者」の定義について先に少し触れておこう。

「障害者基本法」（平成 25 年改正）では、「障害者」について「身体障害、知的障害、精神障害（発達障害を含む。）その他の心身の機能の障害がある者であって、障害及び社会的障壁により継続的に日常生活又は社会生活に相当な制限を受ける状態にあるものをいう」としている。

ここから考えれば、社会の一員として採用され企業の中で仕事に従事している障がい者は、「障害者」と言えないほど健常者以上に仕事をこなしているので、そういう人々は該当しないのかというむきもあるかもしれないが、筆者はそのような人々もここでは「障がい者」として支援の対象として述べたい。

障がいの種別と、支援について少しまとめてみよう。

肢体障がい	主に下肢に障がいを有している人が多く車いすや歩行器、杖を利用しての移動となるかそれらに頼らないがゆっくり歩行となる。車いす介助や手を繋ぐとか腕を貸す介助となる。一刻を争う緊急時は、担架や椅子、おんぶといった介助移動が必要である。建屋内において、常に 90cm 以上の通路幅がないと支障をきたしやすい。また目の高さが一般的に低くなりがちということも考慮しなければならない。
聴覚障がい	見た目にはわかりにくい障がいである。特に緊急時は情報を容易に得られないため、筆談が重要な手段となる。紙に限らず携帯電話の画面でも良いし床を使って書くのも良い。手話による会話ができれば最適である。口元を見せ、手ぶりを交え、ゆっくり「安全な・場所に・一緒に・逃げましょう」と言えば伝わることが多い。
視覚障がい	単独での移動や避難は難しい障がいである。緊急時の誘導に際しては足元の障害物も多いことから、担架や椅子を使うとか、おんぶでの搬送が中心となる。口頭でのコミュニケーションが主となるが、声をかける時は驚かせないことがポイントである。

知的障がい	普段は障がいを感じさせないが、緊急時は取り乱す場合がある。落ち着かせること、慣れた人や専門家に委ねることが必要である。

6−3−2　障がい者の立場に立った訓練の必要性

　一部の企業では、通常の社員研修等に盛り込んでいるが、ぜひ障がい者の立場、視点に立った訓練をすることが期待される。

　なお、訓練に際しては安全を確保しながら行うことは言うまでもない。

車いすでの移動・介助訓練	実際に車いすに乗る人と介助する人とで、移動・介助を行う。障害物がある通路や坂、扉（押し引き戸・開き戸）、砂地等を体験すると良い。また車いすの人の目の高さで周りがどう見えるかを検証しても良い。
目隠ししての歩行訓練	目隠しした人と介助する人とで、通常の通路の歩行、階段の上り下り、エレベータ・エスカレータの使用を体験すると良い。
耳を塞いで指示に従う訓練	耳を塞いだ人と指示する人とで、何かを指示して行動させる。どう伝えれば、思った通りに動いてくれるかを体験すると良い。

Take a break ⑬　「障害者差別解消法」「身体障害者補助犬法」知っていますか

　「障害者差別解消法」とは、内閣府のホームページから引用すれば「全ての国民が、障がいの有無によって分け隔てられることなく、相互に人格と個性を尊重し合いながら共生する社会の実現に向け、障がいを理由とする差別の解消を推進することを目的として、2013年6月に制定された」法律である。2016年4月1日に施行されている。ポイントは2つ。ひとつは「不当な差別的取扱いの禁止」（障がいのある人に対して、障がいを理由として、サービスの提供を拒否することや、場所、時間帯等を制限すること、障がいのない人にはしない条件をつける等）であり、もうひとつは「合理的配慮の提供」（障害のある人から、社会の中にあるバリアを取り除くために何らかの対応を求めてきた場合、負担が重すぎない範囲で対応に努める）である。特に事業者には、必要に応じて「車いすを用意」「筆談用具を使う」「段差に対して配慮する」「災害時には避難等の支援をする」等、さまざまな配慮の

提供が求められている。

　業態に応じた「合理的配慮」について、一部の業界団体が指針を発行している。たとえば厚生労働関連では「衛生事業者向けガイドライン」が、国土交通関連では「所管事業における障害を理由とする差別の解消の推進に関する対応指針」や「公共交通事業者に向けた接遇ガイドライン」が発行されている。また市町村で「災害時障害者サポートマニュアル」等を発行していることがある。ぜひ参照されたい。

　ちなみに、都道府県や市町村によっては「手話言語条例」を制定しているのも、本法律や手話言語法に基づく動きである。

　「身体障害者補助犬法」とは、少し古く 2002 年 10 月に施行された法律である。主に事業者（不特定多数の者が利用する施設の管理者）には、「その管理する施設等を身体障害者が利用する場合、身体障害者補助犬の同伴を拒んではならない」というものである。2008 年には「一定規模以上の民間企業は、勤務する身体障害者が補助犬を使用することを拒んではならない」ことが追加された。補助犬とは「盲導犬」「介助犬」「聴導犬」をいい法律に基づく表示をつけている。業務に著しい影響がない限り、たとえ飲食店であっても拒んではならないとしている。「避難場所」「避難所」でも同様である。

　2020 年 4 月の報道によれば、今なお 5 割の盲導犬ユーザーが施設入店に際して同伴拒否を受けているとの報告があるという。より一層周知徹底されることが期待される。

補助犬統一マーク

スーパーや飲食店等の入り口で見かける

参考

　昨今では、障がい者向けのさまざまなアプリが登場している。たとえば、障害者手帳をわざわざカバンから取り出さなくても、スマートフォン画面で内容を示せるアプリや、相手の顔を見ながら筆談できるスマートフォン・モバイルアプリ等が出てきているという。

6−3−3　応急手当法、搬送法

応急手当の方法や搬送の仕方については、なかなか普段では出くわすことはないだろうが、知っているといないのとでは、大きく異なると言える。

特に、知ってできるようになってほしいのが「心肺蘇生法（成人・乳幼児）」「AED の使い方」「腕の固定」「足首の固定」「止血法」「搬送（介助者一人・介助者二人）」「担架搬送」「毛布搬送」「椅子搬送」等である。

心肺蘇生法や AED の使い方については「5−5　心肺蘇生と AED」項で前述した通りである。他の方法については、書籍でも多数出ており、また、YouTube 等でも紹介されているので確認すると良いが、書籍や映像を見るよりも実際に行ってみることが大事であり、セミナー等に直接参加して、自ら学習することが最も大切であろう。

一般の企業では、乳幼児はいないだろうが、小売業や飲食業、宿泊業、旅客運送業等の業種であれば、顧客に乳幼児がいることが多い。普通救命救急技能講習では、成人向けだけでなく乳幼児向けについても、ぜひ検討されると良い。

6−3−4　ロープワーク

ロープワークは、通常、高所から降りなければならない時や、重いものを動かしたい時に必要と思いがちである。もちろんその場合もあり得るが、他にも、趣味や仕事で当たり前にロープを使う場合にも必要である。たとえば、船舶の繋留時はもとより、岩山に登る時、キャンプでフライシート等を固定したい時、さらには消防隊員による消火・救出作業時等であり、仕事であれば必須の訓練である。

引っ張れば解けず、解く時は容易に解けるのが、このロープワークであるが、注意したいのは、相応の訓練で結び方を習得しておかないと、緊急の場面では難しいということである。

なお、さまざまな結び方があるが、難しい方法をいくつも習得するより、簡単な結び方を2〜3種類何度も繰り返し、日常的にできるようにしておくことだ。

お勧めは、「本結び」「巻き結び」「もやい結び」である。これも You-

Tube 等で見ることができる。ロープはホームセンター等で販売している 6〜8mm 程度のものが使いやすい。

6−3−5　感染症の知識

　防災介助士になるための講習では、「感染症」についても学ぶ。WHO（世界保健機関）が定義している新興感染症（かつては知られていなかった、この 20 年間に新しく認識された感染症）について触れ、その危険性、防災対策の中でまだ未知の分野として紹介している。パンデミックフェーズについても言及し、「咳エチケット」や「検疫の徹底」について加えている点は、今日まさにタイムリーな内容である。

　感染症拡大下においては、改めて、障がい者への感染症対策や新しい生活様式について対応する重要性に気づかされる。

　例えば、口元の動きを読みとる手話においては、マスクを着用せず、フェイスシールドが有効であること、などである。

Take a break ⑭　その他の防災・危機管理関連資格

　これまで紹介した資格以外にも、防災や危機管理に関連する資格は多数ある。以下にその一部を紹介してみよう。

〈その 1〉防災管理者

　消防法に基づいて、建築物等の所有者又は管理者の選任を受けて、避難訓練の実施その他火災以外の災害による被害の軽減のための活動の計画又は実施等の責務を負う者とされる。都道府県知事、消防本部・市町村の消防長、一般財団法人日本防火・防災協会が行う防災管理講習の受講が必須（一部免除規定あり）で、かつ甲種防火管理者資格を保有している者が有効な防災管理者としての有資格者となる。

　法令で定められた一定の基準を満たす事業者、事業所においては、防災管理者の設置が義務付けられている。たとえビルにテナントとして入居している事業者も対象となり得る。すべての企業において法基準の確認が必要である。

　参考までに、日本防火・防災協会による「防災管理講習テキスト」の概要

を紹介しておこう。

第Ⅰ章　防災管理の意義と制度の概要	§3	従業員教育
§1	防災管理の重要性	第Ⅳ章　防災管理の進め方と消防計画
§2	防災管理制度の概要	§1	防災管理の進め方
第Ⅱ章　防災管理上必要な構造及び設備の維持管理	§2	災害想定に基づいた消防計画
§1	防災設備・施設の維持管理	防災管理講習テキスト資料編
§2	日常の防災点検	防災管理の法令とそのしくみ
第Ⅲ章　防災管理上の教育・訓練	災害想定に基づいた大規模地震対応消防計画作成要領
§1	緊急時に対応する訓練のあり方	消防基本法令
§2	自衛消防組織	地震の基礎知識

〈その2〉防災管理点検資格者

消防法施行規則に定めのある大規模建築物等に実施が義務付けられている防災管理業務の実施状況について、定期的な点検ができる国家資格。

〈その3〉防災危機管理者

日本防災管理協会が企画運営している民間資格。生命と財産を守るべく「自助・互助・協働」の原則を通じ、防災・減災に対して、十分な意識・知識・技能を有し、災害発生時の避難誘導・人命救助、さらに災害発生後の復興活動・事業継続・ボランティア等に、地域社会のリーダーとして、社会的役割と責任を果たす「公共的に認められる」資格であると同ホームページで紹介されている。

〈その4〉防災備蓄収納プランナー、災害備蓄管理士

「防災備蓄収納プランナー」資格は、一般社団法人防災備蓄収納プランナー協会が認定している資格である。2級・1級・2級認定講師・マスター・教会指定講師の5段階となっている。2級プランナー講座、1級プランナー講座等が頻繁に各地で計画されている。単に防災用品を備蓄するというだけでなく、災害を想定し、間取りや動線から災害時にすぐに活用できる収納スキルを身につけることを目的としている。

「災害備蓄管理士」資格は、一般社団法人防災安全協会が取り扱っている資格のひとつ。災害備蓄品の購入、整備に関してその計画から、購入、保管、維持、更新、伝達まで組み立てて実践していくための知見を有して、災害時

のリーダーとして災害備蓄品全般を管理する責任者となることが期待されている。

〈その5〉危機管理士、防災危機管理者

「危機管理士」は、特定非営利活動法人日本危機管理士機構が主催している「危機管理士養成講座」を受講して、資格試験に合格した人を認定するもので、1級と準1級、2級がある。2級は2種類あり、自然災害に特化した2級と、社会リスクに特化した2級とがある。ホームページでは「危機発生時において、危機発生後の時間経過に応じた迅速・的確な危機管理対応業務の遂行が可能であり、そのための知識と技能を有し、"危機管理"に携わる人材として、平時から被害発生の軽減に努めることができる人材」と紹介している。養成講座の概要は、2級（自然災害）が「地震、風水害、火山爆発、津波などの自然現象による危機に関わる座学と演習」、2級（社会リスク）が「大規模事故や企業不祥事、感染症によるパンデミックなどの人為的原因による危機に関わる座学と演習」としている。

「防災危機管理者」は、一般社団法人教育システム支援機構日本防災管理協会が認定している資格であり、規定の課題として「家庭と地域の自主防災」及び「近年の災害事情」を通信講座によって受講することで得られる。

〈その6〉企業危機管理士

「企業危機管理士」は、一般財団法人全日本情報学習振興協会が行っているもので、認定試験に合格することで認定される資格である。この対象となる企業危機は、非常に幅広く捉えられており、自然災害に限らず、どちらかというと企業内での俗にいう"不祥事"に重きを置いているといえよう。当社のパンフレットによれば、不正会計、不当表示、過労死、特別背任、セクハラ・パワハラ等々を対象とした危機管理に主眼が置かれている。よって試験問題は、そのようなテーマに基づくものとなっている。80問に対して70％以上の得点で合格とし、指定された試験会場で、マークシート式120分で解く試験としている。（本書としては多少意が異なるが自然災害も入っていることから紹介した。また社内にそのような知見に優れた要員がいることは、事業継続の観点からも望まれる）

第7章

防災・減災、事業継続に関する
マネジメントシステム

この章では、「防災・減災」に直接関連するマネジメントシステムについて整理し述べてみたい。すでに直接関連するマネジメントシステムや認証制度はいくつかあり発行されている。

どちらかと言うと、災害の発災、被災を出発点として、どう優先付けして対応していくか"発災後の視点"が主眼となっているマネジメントシステムが多く、発災、被災までに何をどう準備し行うか"発災前の視点"を主眼としたマネジメントシステムとは言えないものが多いが、それらマネジメントシステムの特長や比較等をまとめてみた。

7−1　社会セキュリティファミリー規格

「社会セキュリティ」ファミリー規格として複数の規格が策定され発行されている。「ISO 22300」シリーズと言ってもよい。ISO 内の TC292 が担当している規格である。「社会セキュリティ」の定義について最初に触れておきたい。

（ISO 22300: 2012/JISQ 22300: 2013−社会セキュリティ用語−2.1.1）

<u>社会セキュリティ</u>：意図的及び偶発的な、人的行為、自然現象及び技術的不具合によって発生する、インシデント、緊急事態及び災害から社会を守ること、並びにそれらに対応すること。

この定義に落ち着くまで国際間で相当の議論が重ねられたようである。そもそも言い出しっぺである米国をはじめ欧州諸国では「テロから国民を守る」という視点であったのに対して「自然災害から国民を守る」という

視点で臨んでいるアジア諸国とは隔たるのは容易に想像できる。それらを包括的に定義づけて推進するに至ったのである。ISO 22300 シリーズを以下に紹介したい。

ISO 22300：2012 （JISQ 22300：2013）	社会セキュリティー 用語
ISO 22301：2012 （JISQ 22301：2013）	社会セキュリティー 事業継続マネジメントシステム - 要求事項
ISO 22313：2012 （JISQ 22313：2014）	社会セキュリティー 事業継続マネジメントシステム - 手引
ISO 22315：2014	社会セキュリティー 大規模避難 - 計画立案の指針
ISO 22317：2015	社会セキュリティー 事業継続マネジメントシステム–事業影響度分析の指針
ISO 22320：2011 （JISQ 22320：2013）	社会セキュリティー 緊急事態管理 - 危機対応に関する要求事項
ISO 22322：2015	社会セキュリティー 緊急事態管理 - 警報に関する指針
ISO 22324：2015	社会セキュリティー 緊急事態管理 - 色コードによる警報に関する指針
ISO 22397：2014	社会セキュリティー 連携構築の指針
ISO 22398：2013 （JISQ 22398：2014）	社会セキュリティー 演習の指針

7－1－1　事業継続マネジメントシステム

「社会セキュリティファミリー規格」のひとつに ISO 22301: 2012 がある。和訳され JISQ 22301: 2013 として発刊されている「事業継続マネジメントシステム（BCMS：Business continuity management systems-Requirements)」である。この規格の前身として、2007 年 11 月に、日本、英国、米国、豪州、イスラエルの国際規格又は政府の指針文書をもとにした最初の事業継続マネジメントの国際規格として「社会セキュリティ–緊

急事態準備と業務継続マネジメントガイドライン」が発行されている。同時に、担当する ISO/TC223 総会で、この分野の要求事項を規定した国際規格を開発することが決議され、審議を経て 2012 年 5 月、本要求事項規格が発行されている。この構成は当時水面下で進んでいた ISO 内の規格整合化が策定した上位文書である HLS（Annex SL）が初めて採用された規格となっている。

　構成を以下に示す。（JISQ 22301: 2013）

序文	7　支援
0.1　一般	7.1　資源
0.2　PDCA（Plan-Do-Check-Act）モデル	7.2　力量
0.3　この規格における PDCA の構成要素	7.3　認識
1　適用範囲	7.4　コミュニケーション
2　引用規格	7.5　文書化した情報
3　用語及び定義	8　運用
4　組織の状況	8.1　運用の計画及び管理
4.1　組織及びその状況の理解	8.2　事業影響度分析及びリスクアセスメント
4.2　利害関係者のニーズおよび期待の理解	8.3　事業継続戦略
4.3　BCMS の適用範囲の決定	8.4　事業継続手順の確立及び実施
4.4　BCMS	8.5　演習及び試験の実施
5　リーダーシップ	9　パフォーマンス評価
5.1　リーダーシップ及びコミットメント	9.1　監視、測定、分析及び評価
5.2　経営者のコミットメント	9.2　内部監査
5.3　方針	9.3　マネジメントレビュー
5.4　組織の役割、責任及び権限	10　改善
6　計画	10.1　不適合及び是正処置
6.1　リスク及び機会に対処する活動	10.2　継続的改善
6.2　事業継続目的及びそれを達成するための計画	参考文献／解説

同規格の「1　適用範囲」では、「この規格は、事業の中断・阻害を引き起こすインシデントを防止し、その発生の起こりやすさを低減し、発生に備え、発生した場合には対応し、事業を復旧するための文書化したマネジメントシステムを計画し……」とし、対象となる範囲はかなり広いことがわかる。

　2019年10月、本規格はISO 22301: 2019として改定発行されており、認証を得ている組織は3年以内に、新しい版の規格を基準文書とした認証へと移行しなければならないこととなっている。2020年1月現在では、JIS化の予定は発表されていない。新しい版への主な変化点は2つ。ひとつは、4.1組織及びその状況の理解の簡略化、もうひとつは、一部専門用語の削除であり、2012年版と比して要求事項が大きく変わったとは言えない。

　むしろ担当していたISO内のTCが223"社会的セキュリティ技術委員会"から、2015年に設置されたTC292"セキュリティ及びレジリエンス技術専門委員会"の管轄に変わっており、よりレジリエンスが意図的に強化された改正と言えよう。レジリエンスの意味については後述する。

7-1-2　事業継続ガイドライン

　本規格に関連して、内閣府防災担当から発行されている、2013年8月改訂版の「事業継続ガイドライン」を少し紹介しておこう。

　「事業継続ガイドライン」は、2005年8月、企業の災害時における事業継続計画（BCP）の策定促進を目的に第1版が発行された。その後改訂が行われ、2019年12月現在の最新版は2013年8月の版となっている。名称のサブタイトルとして「あらゆる危機的事象を乗り越えるための戦略と対応」と記されている。内容は、かなり「JISQ 22301: 2013 社会セキュリティ−事業継続マネジメントシステム−要求事項」規格に近い。ただ、ガイドラインの後半に、別添として「事業継続ガイドラインチェックリスト」が付けられているのはうれしい。

　構成と、後半にあるチェックリストの一部を見てみよう。

〈構成〉

序文　本ガイドラインの概要	4.3　地域との共生と貢献
Ⅰ　事業継続の取組の必要性と概要	Ⅴ　計画の策定
1.1　事業継続マネジメントの概要	5.1　計画の立案・策定
1.2　企業における従来の防災活動とBCMの関係	5.2　計画等の文書化
1.3　事業継続マネジメントの必要性	Ⅵ　事前対策及び教育・訓練の実施
1.4　経営者に求められる事項	6.1　事前対策の実施
1.5　事業継続マネジメントの全体プロセス	6.2　教育・訓練の実施
Ⅱ　方針の策定	Ⅶ　見直し・改善
2.1　基本方針の策定	7.1　点検・評価
2.2　事業継続マネジメント実施体制の構築	7.2　経営者による見直し
Ⅲ　分析・検討	7.3　是正・改善
3.1　事業影響度分析	7.4　継続的改善
3.2　リスクの分析・評価	Ⅷ　経営者及び経済社会への提言
Ⅳ　事業継続戦略・対策の検討と決定	付録1.用語の解説
4.1　事業継続戦略・対策の基本的考え方	付録2.参考文献
4.2　事業継続戦略・対策の検討	（別添）事業継続ガイドライン チェックリスト

〈チェックリストの一部〉

1.4　経営者に求められる事項

□②経営者は、自社の経営理念（存在意義など）やビジョン（将来の絵姿）を踏まえ、経営と連関の取れたBCMの基本方針の策定、経営資源の割り当て、戦略策定、BCP等の計画策定、事前対策等の実施、見直し・改善などについて、的確に判断し、実行させているか。

2.1　基本方針の策定

□④基本方針において、顧客及び自社、関連会社、派遣会社、協力会社などの役員・従業員の身体・生命の安全確保や、自社拠点における二次災害の発生の防止を最優先とする旨明記しているか。

3.1.2 重要業務の決定と目標復旧時間、目標復旧レベルの検討

☐①影響度分析の結果を踏まえ、優先的に継続・復旧すべき重要業務を絞り込んでいるか。

4.2.2 企業の中枢機能の確保

☐②本社が使えなくなった場合を想定し、同時に被災しない拠点を代替拠点として確保しているか。

4.2.4 資金確保

☐①日頃から、危機的事象に対応するための最低限の手元資金を確保しているか。

4.2.5 法規制等への対応

☐②完全な遵守が難しい場合や、早急な事業復旧を図るために規制等の緩和が望まれる場合に備えて、平常時から、必要に応じて他企業・業界と連携し、また、関係する政府・自治体の機関に要請して、緊急時の緩和措置等について検討しているか。

4.3 地域との共生と貢献

☐⑤被災後当分の間、応急対応要員以外の従業員に出勤を求めず、自宅周辺の人命救助、災害時要援護者の支援などに貢献する機会を作ることを検討しているか。

5.1.1.1 緊急時の体制

☐③重要な役割を担う者が死傷したり連絡がつかなかったりする場合に備え、権限委譲や、代行者及び代行順位などを定めているか。

5.1.1.2 緊急時の対応手順

☐①事象発生後、時間の経過とともに必要とされることが変化していくため、それぞれの局面ごとに、実施する業務の優先順位を定めているか。

5.1.2 事前対策の実施計画

☐①平常時から実施すべき事前対策について、実施のための担当体制を構築し、予算確保を行い、必要な資源を確保し、調達先・委託先を選定し、実施するためのスケジュールを含む「事前対策の実施計画」を作成しているか。

5.1.3　教育・訓練の実施計画

□④「教育・訓練の実施計画」には、関連する他の企業との連携訓練も含まれているか。

6.1　事前対策の実施

□①「事前対策の実施計画」に基づいて、担当部署及び担当者は、それぞれの事前対策を確実に実施しているか。

7.1.2　事業継続マネジメント（BCM）の点検・評価

□②取引先の点検等、サプライチェーンの視点で点検・評価を実施しているか。

7.2　経営者による見直し

□③経営者は、見直しの結果を踏まえ、経営者として、早急に実施すべき是正措置や対策実施を指示し、次年度以降の BCM 改善の方向性を打ち出しているか。

7.4　継続的改善

□①経営者、BCM 事務局さらには企業全体として、自社の BCM が自社の経営方針や事業戦略、BCM の基本方針、目的等に照らして適切なものであるか、BCM の適用範囲や対象リスクなどが妥当なものであるか、事業継続戦略や対策が有効なものであるかなど評価し、これらの観点から継続的に改善を実施しているか。

とりわけ、「5.1.2　事前対策の実施計画」や「6.1　事前対策の実施」を膨らませた考え方こそ、企業がすぐにでも取り組む必要があろうと筆者が推奨する、自然災害に特化した「防災・減災マネジメント」である。

ちなみに、ここで示した「事業継続マネジメントシステム」規格や内閣府から出された「事業継続ガイドライン」に対して、対象項目をより絞込み、危機対応として要求事項を明示した規格が、次に示す「緊急事態管理 - 危機対応に関する要求事項」規格である。

7－1－3　緊急事態管理 - 危機対応に関する要求事項

　ISO 22320: 2011（JISQ 22320: 2013）。版年号を見てわかるように、東日本大震災の年に ISO 規格として発行されている。2019 年 12 月時点で改定作業中である。現在は「要求事項」を規定した規格となっているが、第三者認証は意図されていない。改定後はそのタイトルも「指針」になる可能性がある。

　この規格は、「公共及び民間部門の危機対応組織が、あらゆる種類の緊急事態（たとえば、危機、事業の中断・阻害及び災害）に対処する能力を高めることを可能にするもの」とし、「効果的な危機対応を実現するために守らなければならない必要最小限の要求事項について規定」している。

　また、JIS 化された国内版では、その解説で「我が国では、災害も多く、特に地震等の広域に渡る自然災害への危機対応に当たっては、組織が連携し協力して臨むことが求められる。組織の規模、業種及び所在地にかかわらず実施できる指揮統制、情報交換、及び連携協力を標準化することによって、緊急時に対して、"人命の救助、資産の損傷及び損害の軽減（人命・資産の保護）"、"組織が実施しなければならない事項の共有化（共有言語の提供）"、"組織活動（生産活動含む）の早期復旧のための支援ツールの提供（安定的な活動、製品の供給）"、"組織活動（生産活動含む）の早期復旧による、我が国の組織及び市場の信頼性の維持・確保及び競争優位の確保"が可能になる」としている。

　レジリエンス規格とも言われる。Wikipedia から引用すれば、レジリエンスとは、「脆弱性の反対の概念であり、自発的治癒力の意味である。「精神回復力」「抵抗力」「復元力」「耐久力」とも訳される」とし、言ってみれば、厳しい状況下から立ち直る力のことと捉えると良い。

　現規格の構成を以下に示す。（JISQ 22320: 2013）

序文	5.3　活動情報提供プロセスの評価基準
1　適用範囲	6　協力及び連携に関する要求事項
2　引用規格	6.1　一般
3　用語及び定義	6.2　協力

4　指揮・統制に関する要求事項	6.3　連携
4.1　一般	6.4　情報共有
4.2　指揮・統制システム	6.5　人的要因
4.3　人的要因	附属書 A（参考）各要求事項の事例
5　活動情報に関する要求事項	附属書 B（規定）活動情報提供プロセスの評価基準
5.1　一般	参考文献
5.2　活動情報提供プロセス	解説

　すべての企業には、「防災・減災」対応を超えた、立ち直る復活力、その "準備力" と、想定外を無くした "対応力" が求められる時代に入っているのかもしれない。感染症に対応する力も同様である。

7-2　インシデント・コマンド・システム

　インシデント・コマンド・システムとは、インシデントの際の現場指揮管理システムである。インシデントと言うと軽微な事件・事故と思いがちで、重大さを感じさせない用語であるが、前述した「緊急事態管理 - 危機対応に関する要求事項（ISO 22320: 2011）」の解説では、「日本語の "危機" に対応する言葉として、英語圏では "incident"、"emergency"、"crisis"、"disaster"、及び "catastrophe" という五つの言葉が対応している」としているように、広く捉えて良いであろう。

　Wikipedia によれば、このインシデント・コマンド・システムは「米国で開発された災害現場・事件現場などにおける標準化された管理システムのこと。インシデント・マネジメントシステムとも呼ばれる。」としている。開発のきっかけは、1970 年代の米国での多くの山火事発生に対しての指揮管理体制の標準化であったという説。「5つの基本機能として、指揮、実行、計画、後方支援、財務・総務とし、必要な機能に必要な資源をケース・バイ・ケースで割り当てる」という。上位概念に、2001 年 9 月に起こった同時多発テロを受け策定された「ナショナル・インシデント・マネジメント・システム」があり、それを受けている説等がある。

このインシデント・コマンド・システムについては、杏林医会誌2015年12月の「災害時の指揮命令系統の構築-インシデントコマンドシステム（ICS）緊急時総合調整システムの紹介」として詳述されている。ここでは「要旨」のみ引用してみたい。

要旨

　インシデントコマンドシステム（ICS）は、本邦（日本）では緊急時総合調整システムと紹介されている。指揮系統や調整、組織運用などが標準化されていることが特徴であり、米国では災害対応のみならずマラソンやスポーツイベントなど、あらゆる危機管理事案がこのインシデントコマンドシステムに基づいて実施される。インシデントコマンドシステムは次の6つの要点でまとめられる。

1　現場指揮について
2　指揮統制コマンドアンドコントロールと調整コーディネーション
3　指揮系統チェーンオブコマンドの原則
　（a）複数組織が関わる現場での統合指揮
　（b）指揮一元化
　（c）統制範囲
4　災害現場と災害対策本部の位置づけ
5　共通状況図
6　緊急時行動計画

　この後に、個々について詳細に説明されているが、本書では略す。

7-3　レジリエンス認証制度

　レジリエンス認証という制度を聞いたことがあるだろうか。レジリエンスという言葉については前述した通り「厳しい状況下から立ち直る力」という意味がある。レジリエンス認証は、一般社団法人レジリエンスジャパン推進協議会が内閣官房国土強靭化室から認定され、国に代わって「国土強靭化貢献団体認証」として行っている制度であり、事業継続に関する取

組みを積極的に行っている事業者に対して認証する制度である。

　認証を得るための基準となっているのは、2016年2月に制定された「国土強靱化貢献団体の認証に関するガイドライン」である。2020年2月現在の最新版は、2018年7月版となっている。このガイドラインの中に、「認証の具体的基準」として基準が明確に記されている。基準概要を含むガイドライン構造を以下に示す。

Ⅰ．はじめに	
1	目的
2	国土強靱化貢献団体、認証組織の定義 （1）国土強靱化貢献団体 （2）認証組織
Ⅱ．国土強靱化貢献団体の認証に関する具体的な仕組み	
Ⅲ．認証組織の要件 （1）中立、公平性、透明性 （2）経験 （3）セミナー、シンポジウム等の機会の提供 （4）国土強靱化に必要な仕組みの検討	
Ⅳ．国土強靱化貢献団体の認証の具体的基準 （1）事業継続に係る方針が策定されている （2）事業継続のための分析・検討がされている （3）事業継続戦略・対策の検討と決定がされている （4）一定レベルの事業継続計画（BCP）が策定されている （5）事業継続に関して見直し・改善できる仕組を有し、適切に運営されている （6）事前対策が実施されている （7）教育・訓練を定期的に実施し、必要な改善が行われている （8）事業継続に関する一定の経験と知識を有する者が担当している （9）法令に違反する重大な事実がない （10）社会貢献が定められている （11）社会貢献の活動の実績がある （12）従業員等の社会貢献を支援する制度が定められている （13）従業員等が行った社会貢献の実績がある （14）上記以外の社会貢献が実施されている （15）その他留意事項	

　本認証は、平成 28（2016）年度に第 1 回認証が行われ、令和元（2019）年度第 2 回認証までで、レジリエンス認証を得ている企業（団体）の数は、180 強である。詳細は、同法人ホームページで見ることができる。

　他の認証制度と異なる点として、金融機関からの優遇が得られる点がある。それを含めた本認証制度の認証取得メリットが同ホームページに記載されており、以下に引用して示す。

➤自らの事業継続に関する取組を専門家の目で評価してもらうことにより、事業継続のさらなる改善へのヒントを得ることが期待できる

➤交付を受けたレジリエンス認証マークを社員の名刺や広告等に付して、自社の事業継続のための積極的な姿勢を、顧客や市場あるいは世間一般に対してアピールすることができる

➤希望により推進協議会や内閣官房国土強靱化推進室のホームページに認証取得団体として公表される

➤推進協議会より、国土強靱化に関するセミナー・シンポジウムに関する情報が優先的に配信される

➤金融機関等で以下のような取扱いを受けることができる

・中小企業者が防災に資する施設等の整備を行う際、日本政策金融公庫による制度融資利用が可能、優遇金利が適用される

・㈱紀陽銀行のビジネスレジリエンス対策ローンで金利及び期間優遇を適用

・（株）第三銀行の事業継続サポートローンで金利及び期間優遇を適用

・静岡県信用保証協会の災害時発動型保証予約システム「BCP 特別保証」の対象となる

・兵庫県信用保証協会の災害時発動型予約保証「そなえ」の対象となる

> ・鹿児島県信用保証協会の保証制度「BCPサポート保証あんしん」
> において保証料率引き下げ優遇

　ちなみに、日本政策投資銀行では、防災及び事業継続対策への取り組み
の優れた企業を評価・選定し、その評価に応じて融資条件を設定するとい
う「BCM格付融資」制度を独自に開発、運用している。これについては、
「8-4　日本政策投資銀行による「BCM格付融資制度」」項で紹介したい。

Take a break ⑮　**BCP を策定した企業はまだわずか！**

　帝国データバンクの2018年調査によれば、「BCP策定企業は14.7％に
とどまる」としている。現在策定中であるとか、策定を検討しているという
企業を合わせても半数に届かないという。また、策定しているとした企業の
業態別では"金融"が一番多く、次いで"農林水産"ということである。他
方、従業員数別では、1000人超企業が46％を占めるのに際して、規模が
小さい程策定率は低くなっている。事業継続が困難になると想定しているリ
スクでは"自然災害"が最も多く69.1％、リスクに備えた対策実施・検討
では、"従業員の安否確認手段の整備"が最も多く71.2％、次いで"情報シ
ステムのバックアップ"、"事業所の安全性確保"、"調達先・仕入先の分散"
と続いている。BCP策定による効果の実感では、"業務の定型化・マニュア
ル化の進展"、"事業の優先順位の明確化"が上位を占めている。逆にBCP
を策定していない企業の策定していない理由では、"策定に必要なスキルや
ノウハウがない"が最も多く44.0％、次いで"策定する人材を確保できない"
が30.6％であった。

　中小の企業向けに、経済産業省中小企業庁から「中小企業BCP策定運
用指針～どんな緊急事態に遭っても企業が生き抜くための準備～」が発行
されているので、参照すると良い。

7-4　企業の防災、復活力への投資が企業価値となる時代

　ここまで、述べてきて強く思うのは、今や企業は、品質・環境・情報管
理等々を超えて、いかに「防災・減災」を考え、またレジリエンスを見据

えて、それらに対する人的投資や設備・備品投資、対策マネジメントの標準化に関する投資を推し進める時がやってきているということである。投資している企業の姿そのものが注目される時代になってきている。

逆に言えば、今さえ乗り切れればそれで良いとする経営には、一層社会は見放すようになり、将来に向けて緻密な計画を持って、企業を継続維持させるだけのパワーを有している企業かどうか、社会の資金を集めていける企業かどうかが問われていくのではないか。

まさに、その日その時にしっかりと計画通りに動け、力強く再始動していけると、普段から地道に準備している企業こそが、新たな今後の企業価値となるということである。

なお、「新型コロナウイルス感染症」拡大下においては、多くの企業が休業や営業時間短縮等を余儀なくされた。売上を大幅に落としている。たとえ終息しても以前の状況に戻るには相当の年月がかかるであろう。今後、資金調達の在り方、内部留保の在り方、株主還元の在り方等、さまざまに検討、研究されることとなろう。

Take a break ⑯　重要要員はシフトや行先、移動手段を重複させるな

どの企業内においても、重要となる従業員はいる。立場や職位を超えて、「あの人がいなければ」という人である。特に技能職や高い知見を有している人である。また緊急時マネジメントの強い人であったり、指揮統制できる人であったりする。機密情報を持っている限られた人もそうであろう。

秘書学で必ず学ぶことであるので、たとえば秘書検定試験等で学習した人はわかっていると思うが、「重要要員は同じリスク下には同時に配置しない」という事業継続原則がある。このことはマネジメントの中であまり語られていない。

2019年10月の朝日新聞ニュースで「秋篠宮さま、悠仁さまと別便搭乗」という記事が報じられた。さらに2020年4月1日報道によれば、「新型コロナウイルス感染症」が国内で急激に拡大する中、政府機能がマヒするリスクを避けるために、安倍総理と麻生副総理を対策会合で同席させない方針が示されたと報じている。ある大手企業では、「社長と副社長は、同じ飛行機の手配をしない」とか「目的地への移動には、別の交通手段、別の出発・到

着とする」といった話しを聞く。このようなことも企業規模を問わず、重要なリスク回避策かもしれない。

7−5　防災マネジメントシステム構築のすすめ

　「事業継続マネジメントシステム」も「防災マネジメントシステム」もいずれも、特定したリスクに対して、その発災に向け準備を進めることに変わりはないが、どちらかというと「事業継続マネジメントシステム」が重要な事業の継続を着地点として自らの発災を含むあらゆる事故、事件、災害を対象としているのに対して、「防災マネジメントシステム」はいかに従業員を含む企業資産の被害を最小限に留めるかを着地点として規模が大きい自然災害や伝染性疾病を対象としている。

　トヨクモ株式会社「みんなのBCP」では、以下のように違いを明示しているので参考までに引用してみよう。

	防　災	事業継続
目　的	人命や財産の保護	重要な事業の継続 （人名や財産の保護を含む）
対　象	自然災害、伝染病	事業に影響を及ぼすあらゆる脅威
適用範囲	被害が想定される地域や施設	重要な事業 （製品サービス、拠点、取引先など）
有効性評価	死傷者数、物理的被害	復旧時間、優先事業への影響
経営的視点	必要事項	戦略的取組
対策活動	拠点単位	全社よりも広く活動

　筆者が考えるHLSを採用した防災マネジメントシステムの箇条構成案

序文	7　支援
1　適用範囲	7.1　防災のための資源
2　引用規格	7.2　防災力量

Take a break ⑰　避難場所や避難ルートは、一つでよいか？

　企業の緊急事態対応手順では、多くの場合"避難場所"や"避難ルート"が示された地図が用意されている。しかしたいがいの場合、その避難場所や避難ルートはひとつである。混乱させずに避難させること、避難場所や避難ルートを認識させること等のメリットをもってそうしているようである。場所やルートの画一化が悪いわけではないが、いろいろな状況下では、必ずしも決めた避難場所や避難ルートは安全でない場合が往々にしてあり得る。いろいろな場所・ルートが考えられても良いと思う。ちなみに、人々の避難においては、2011年に発生した東日本大震災で多くの重要な教訓を与えてくれている。ここでは「津波てんでんこ」と「釜石の奇蹟」を紹介してみたい。

◆津波てんでんこ

"てんでんこ" とは、各自とかそれぞれという意味であり、地域によって は "てんでんばらばら" という言葉もある。Wikipedia によれば同様の標 語に、自分の命は自分で守れという意味の "命てんでんこ" という言葉もあ るとしている。「防災教訓として解釈すると、それぞれ津波が来たら、取る ものも取り敢えず、肉親にも構わず、各自てんでんばらばらに一人で高台へ 逃げろ、自分の命は自分で守れ、になる」といい、「自分自身は助かり他人 を助けられなかったとしてもそれを非難しないということも含むとされる」 と記している。この津波てんでんこは、次に示す釜石市の子供たちにも、防 災標語として指導されていたようだ。

◆釜石の奇跡

「釜石の奇跡」については、関連するホームページや書籍が多数あるので 省略するが、多くの命が失われた東日本大震災において、釜石市の約 3000 人の小中学生ほぼ全員が避難により奇跡的に無事だったことがこのように言 われている。特に釜石東中学の生徒たちが、地震発生とともに直ちに学校を 飛び出して高台に駆け上がったところを、近くの小学生や教師、住民もそれ を見て後に続いて助かったという。普段から①想定にとらわれない、②最善 を尽くす、③率先避難者となる、という 3 つを子供たちに教えてきていた という。災害は想定された通りには起こらないから、その時々の状況で自分 の命は自分で守り率先避難することが何より大事であると。

ちなみに、内閣府「防災情報のページ」では、釜石東中学校で常に指導さ れている「防災教育の大前提」2 つと、「命を守る 3 つの柱」が記されている。

防災教育の大前提 1 「常に真剣に取り組む」 防災教育の大前提 2 「自分の判断・行動できる力を育む」	命を守る 3 つの柱（防災教育の狙い） 1. 自分の命は自分で守る 2. 助けられる人から助ける人へ 3. 防災文化の継承

岩手県釜石市は、あの大震災から 8 年を経た 2019 年 3 月 11 日、「命を 守る」と題した「釜石市防災市民憲章」を制定している。それには、未来の 命を守るためにとし、重要な 4 つのメッセージを記している。「備える」「逃 げる」「戻らない」「語り継ぐ」である。この防災市民憲章は "釜石祈りのパー ク" の一角に碑となって建立されている。

釜石市防災市民憲章　命を守る

釜石市は、2011年3月11日に発生した東日本大震災の大津波により、千人を超える尊い命を奪った。その悲しみが、消えることは決してない。

しかし、古来より、先人たちが、度重なる災害や戦災をたくましく乗り越えてきたように、今、私たちは、ふるさと復興への道を歩み続けている。

自然は恵みをもたらし、ときには奪う。

海、山川と共に生き、その豊かさを享受してきたこの地で安全に暮らし続けていくためには、また起こるであろうあらゆる災害に対し、多くの教訓を生かしていかなければならない。

未来の命を守るために、私たちは、後世に継承する市民総意の願いをここに掲げる。

備える
災害はときと場所を選ばない
避難訓練が命を守る

逃げる
何度でもひとりでも安全な場所にいちはやく
その勇気はほかの命も救う

戻らない
一度逃げたら戻らない戻らせない
その決断が命をつなぐ

語り継ぐ
子どもたちに自然と共に在るすべての人に
災害から学んだ生き抜く知恵を語り継ぐ

私たちは生きる。
かけがえのないふるさと釜石に、共に生きる。

制定年月日 平成31年3月11日

出典：岩手県釜石市ホームページ

お役立ち情報

この章では、これまでさまざまな観点から考えていかなければならない「防災・減災」について述べてきたが、それらに基づいて少しお役に立てるかと思われる情報をまとめてみた。すでにご存じのことも多いと思われるが、ひとつでも多く参考になればと思う。

8-1　まず、何から手を付けるか

ある調査では、「何から手を付けてよいかわからない」という回答が全体の３割以上を占めていたという報告がある。特に、中小企業やそれなりの従業員を雇用する個人事業主にとっては、日常業務を回すことが最優先の中で、「防災・減災」に対して手が回らないのは理解できる。多額の投資もままならない中で、何からお金をかけるか、何からすべきか少し考えてみよう。

行動 その1	そもそも、今の建屋の場所は安全なのか調査する 　企業が今ある場所は、そもそも安全な立地なのか。いろいろなしがらみによって、移転は容易ではないかもしれないが、昨今の災害を考えれば、抜本的な移転も選択肢のひとつではある。 すべての従業員に家庭（自宅）における防災、減災対策をとらせる 　企業の日常活動において、あまり個人々々の家庭、自宅に関して話しをしたり考えさせたり、ましてや何かに特化した呼びかけはしないであろう。実際に従業員の自宅のことに踏み込んでいる企業は少ない。しかし、「防災・減災」については別であると考えたい。家の耐震化、家具家電転倒防止対策、防災用品の準備、家族内連絡網づくり、災害用伝言版や災害用伝言ダイヤル（171）の使い方の理解と身内で

のテスト、最寄りの避難場所・避難所の確認、防災関連アプリ^{注1)}のダウンロードなど、すべての従業員に対して取らせたい対策は少なくない。今の居住場所が安全なのかも考えさせたい。

感染症対策をとらせるとともに在宅勤務での業務体制を確立する

　感染症対策として、マスクや除菌剤等の備蓄等も欠かせないものとしてさらに推奨していくべきであろう。また、職種にもよるが可能な限り"いつでも在宅勤務に切り替えられる"業務体制の確立が求められる。

行動 その2	**企業として必要な人数分の防災用品、防災備蓄品を購入する** 　都道府県市区町村によっては条例^{注2)}で定めているが、たとえ定められていない地域であっても、是非従業員分の防災用品・防災備蓄品^{注3)}を購入し、取り出しやすい場所に保管しておきたい。場合によっては、来客者や接客業では顧客の分も考慮が必要である。何をどれだけ購入するかは企業の中長期的な計画の中で決定する必要があろう。 　注）食品・飲料には"賞味期限"が設定されていることから、その監視が必要である。期限がきて切れてしまう前に交換していかなければ、いざという時に利用できない。今ではその管理まで引き受けてくれる防災用品専門業者もあるくらいである。 **社内のあらゆる箇所の点検と防災・減災対策をとる** 　転倒、飛び出し防止金具でロッカーや書庫の固定、通路は直線的に配置、一時的でも出入口付近に物を置かない、ガラス窓に飛散防止フィルムを貼る、ヘルメットは人数分用意する他 **普段から連絡網を使ったコミュニケーションをとる** 　「緊急連絡網」を作成している企業は多い。しかし実際にその連絡網で連絡を取り合ったことがあるかというと、それはない企業が圧倒的である。その中で、普段から携帯電話を使って連絡を取り合うことを難なく行っている企業も見られる。たとえば「グループLINE」^{注4)}を使用しての指示・命令⇔報告・連絡・相談である。会社備え付けのパソコンでのメールのやりとりだけでは、今やコミュニケーションは不十分となってきている。他にも手段はいろいろあると思われるので、企業ごとに検討されると良い。 **近隣のアンダーパスや河川にかかる橋を調査する** 　アンダーパスは、鉄道や道路と立体交差している箇所で、掘り下げられてくぐる形状の箇所をいう。排水量は限界があり、また木の葉等で排水溝が塞がれていれば貯まる一方となる。集中した降水量によっては、わずかな時間で冠水してしまう。付近にこのようなアンダーパスがどこにあるか調査しておきたい。

	橋は、地震や大雨によって、容易に倒壊したり流されたりする。特に昭和30年代までに作られた橋は、老朽化が激しいという。近隣の河川に係る橋を調べ、場合によっては避難経路等の再考が必要かもしれない。
行動その3	**何人かに防災関連の資格を取らせ、学習した内容を語らせる** 　前述したように、いくつかの防災に関する資格について情報収集し、なるべく早い機会に、ひとりからであっても取得させると良い。取得したその有資格者が社内講師となって、少しずつ従業員に説明するだけで、企業内の防災・減災に関わる知識が格段と高まるに違いない。
行動その4	**安否確認訓練を実施する～定期的訓練、抜き打ち訓練～** 　安否確認の方法については、さまざまな専用ツールが開発されている。災害用伝言版、伝言ダイヤル等は、一定の時でない限り訓練として使用できない。そのため社外にいても安否確認できるツールを調べて、企業内で登録し合う。そして最初は一斉確認の日時を決めて周知し訓練実施してみる。どのくらいの時間内で最後の人から返答あるか追及していくと良い。命のひとつの目安は72時間とされることから、少なくとも3日以上返信がない状態はなくしたい。訓練を重ねることで"無返信"を皆無にしたい。また、ある程度定期訓練を重ねたら、時には抜き打ちで行うのも有効である。さらに言うなら、深夜とまでは言わないが、早朝や夕方過ぎの時間帯での訓練も有効である。 **避難先の検討、確認** 　避難場所や避難所の場所について検討、確認したい。市区町村単位でハザードマップが作成されていることから、そのマップを図上確認しよう。 　避難する先は、なるべくいろいろな想定に応じて複数考えておくのが良い。社内に留まるのもひとつである。場合によっては、階下や近隣へ避難するよりも階上へ避難することも検討したい。
行動その5	**ハザードマップによる図上訓練を準備し実施する** 　訓練は、前述したように体を動かすものだけではない。何人かで机を取り囲み、想定下における被災状況の想像や対策を考えることも訓練である。まずは、自らの地域のハザードマップを用意し、それを広げて、テープ等で固定、さらにその上に透明シートを重ねて広げ、訓練を行うといった図上訓練を是非行ってみると良い。ハザードマップに代えて、自社の敷地図や工場平面図を広げて、考えてみる訓練も有効である。

詳しくは、ホームページ検索画面で「図上訓練」と検索してみると良い。用意するものや進め方、方法について詳しく示しているサイトがあるので参考になるであろう。

避難経路を実際に歩き、危険個所やかかる時間等をチェックする

図上訓練等によって、避難経路のいくつかを検討したなら、実際に歩いてみることをお勧めしたい。安全な避難場所までの経路を歩き、目的地まで大人の健常者でどのくらいかかるか、年寄りや車いすではどうか、途中に崩れそうな建造物や危険箇所がないか、車の通行量はどうか、確認しながら歩くことである。危険箇所としては、①ふたのない側溝、②整備されていない坂道、③冠水しやすいところ、④土砂くずれしそうなところ、⑤一列に作られたブロック塀、等である。大阪北部地震の際に、京都で学校のブロック塀が倒壊し、横を通っていた小学生が亡くなったニュースは記憶に残っているであろう。一列型のブロック塀は倒壊しやすく、その防止として、ブロック塀はL字またはコの字とすることが推奨されている。

行動 その6	**リアルな複合災害を想定し、その想定で緊急対応訓練を実施する** ひとたび災害が発生すると、単体の災害に留まらない災害に発展することは容易に考えられる。大地震が発生すれば、建物の倒壊だけでなく、火災、津波、液状化現象等の発生、強いては爆発事故等へと発展する可能性もある。よって訓練においては、想定段階でよりリアルに、複合災害を考えたいものである。 リアルな想定としては、たとえ訓練そのものをいつ行うのかを問わず、①どの季節、月で、②何曜日の、何時頃で、③当日の出勤体制はどうで、④その場の来客状況はどうで、⑤震源地はどこで、震度いくつで、⑥複合的に何が起きて、⑦風向きはどうで……といった具合である。 想定によって動きはまったく異なるであろう。夏と冬では異なるかもしれないし、昼時と夕方ではそれも異なるであろう。ましてや従業員が揃っている日とほとんどいない日でも異なる。来店客の状況ではこれも大きく異なる。火災がどこから起きるか、自社から発生しなくても近隣からの発生によって異なる。冬の夕刻すぎの発災で大規模停電が発生した場合等は真っ暗な状態下で避難せざるを得ないであろう。訓練のたびにさまざまに想定を変えて考えてみることが大事である。 「想定外」はあってほしくないし、最小の被災に留めるには多くの想定の下で訓練を積んでおくことが何よりである。 また、実際の災害時にはマニュアルは機能しない可能性もあり、指

揮系統が機能しない場合もあり得る。ひとりひとりの行動に委ねられて、命を守る行動が期待される。「私はこう考える」「私ならこういう行動をとる」といったディスカッションし合う訓練も必要であろう。

装置の異常作動があり得ることも頭に置く

　たとえば、"安全装置に関わらず扉が開閉する"、"開くべきシャッターが開かない"、"閉まるべきシャッターが閉まらない"等である。

行動 その7	**BCP プロジェクトを立上げる** 　組織内において、「防災・減災」の必要性についての認識が高まり、リアルな訓練、机上ディスカッションが活発に行われるようになったなら、次は「BCP（事業継続計画）プロジェクト」を立ち上げたい。 **復旧手順を構築し可視化する** 　メンバーを選任し、会合日程を決めたなら、まず行いたいことは、災害による被災後、いかに早く復旧させるか、その手順を考えよう。これまでの活動のすべての元通りに戻して事業再開するのには、相当の時間を要してしまう可能性が高い。方向性として2通りある。ひとつは、優先順位を決め、どの範囲から事業再開するのかを決めてから、復旧させる手順。つまり重要業務を優先させる考え方である。もうひとつは、すぐに復旧できるものは何かを評価し、復旧優先させてから、事業再開へと展開する手順である。つまり造れるモノ、提供できるサービスを優先させる考え方である。 　人・モノ・金・情報をいかに復旧させ得るか、役割分担とともに構築し、手順を可視化するのである。 **事業再開手順を構築し可視化する** 　復旧次第、事業を再開することとなる。復旧したらすぐに市場に製品を提供できるわけではないし、すぐにサービス提供できるとは限らない。資金を調達し、材料等を購入し、生産計画、サービス提供計画を立て直して、従業員の勤務体制をつくり、試験や検査を経て、ラインにのせ、出荷検査やプロセスの妥当性再評価を済ませて、初めて顧客に手渡るようになる。日常さりげなく行っているルーチンワークも、事業が一旦停止すると、事業再開にいかに工程管理が重要か改めて思うであろう。 　慌てないための、その時のための事業再開手順の構築である。属人管理下の運用をも、いかに企業の知識として可視化しておくか、極めて重要である。
行動 その8	**購買先、協力会社の再評価、再検討を含むパートナーシップ契約を締結** 　事業再開手順の中で、重要なカギとなるのが、購買先や協力会社の

	継続性である。これまでの購買先、協力会社で再始動できるのか、あるいは不測の事態を想定して、再評価してみて、新規購買先との間で、緊急時パートナーシップ契約を締結しておくかである。これまでの災害でも、多く見られたが、自社は被災せずに助かったが、パートナーが被災して長い間、製造中断を余儀なくされた事象である。
行動 その9	**BCP を完成させ、復旧手順、事業再開手順までの統合訓練を実施する** 　たとえ粗削りな BCP（事業継続計画）であってもよいので、ほぼ書きあがったなら、まずは正式に発行させよう。 　そして、机上でも良いので、再びリアルな想定をした上で、計画した復旧手順、事業再開手順で動けるかどうか統合ディスカッション訓練をしてみよう。その中で、「こうした方が良いのでは」「いや、ああした方が良い」「これはもっと先にやっておくべきではないか」「実際にはそれは現実的でない」等といった効果を増す意見が出てくるかもしれない。 　そうして、再び「BCP」を見直し、改訂していくのである。 ※ BCP は完全な完成形などないと思う方が良い。絶えず書き足し、あるいは修正して、だんだんと詳細化させていけば良いのである。いつまでも完成しない夢あるテーマパークと同じである。
行動 その10	**すべての従業員に対して、各手順、訓練評価、留意ポイント等周知徹底** 　すべての従業員を集めて、ここまで進んできた状況を伝え、各手順や訓練した結果の評価、留意するポイント等を周知徹底するのである。 　特に、形式的な、そして単に法令や基準を最低限満たすことだけでない、全員が自らの命を守った上で、でき得る最善策として BCP を作っていること、事業再開は、全員のこれからの生活を支えるためであること等を是非伝えていただきたい。 　そのような周知徹底、社内の考えの熟成が、いざという時を迎える前、そしてその時の力強いモチベーションに繋がると思っている。 <u>その4、その5、その6、その9、その10 の繰り返し</u> 　その後は、前述した、その4〜その6、その9、その10 の繰り返しをしていくのである。

注1)　スマートフォンに入れておきたい「防災関連アプリ」

　筆者がお勧めするアプリを紹介したい。ひとつのホーム画面にまとめておくと良い。

web171	災害用伝言版 （web171）		家族の防災アプリ
	ゆれくるコール		Whistle
	Y！防災速報		救命・応急手当の 基礎知識
	避難所ガイド		救命ナビ
NHK ニュース 防災	NHK ニュース防災	docomo 災害用 キット	docomo 災害用キット
	NHK ラジオらじる★ らじる	g	Goo 防災アプリ
	radiko	防	東京都防災
	国土交通省防災ポータ ル		内閣府防災情報のペー ジ

注 2)　それぞれの地域の条例

東京都	「東京都帰宅困難者対策条例」2013 年 ひとりあたり "水 9 ℓ" "アルファ米、クラッカー、乾パン等食料 9 食分" "毛布 1 枚"
大阪府	「事業所における一斉帰宅抑制対策ガイドライン」2015 年 ひとりあたり "水 9 ℓ" "アルファ米、クラッカー、乾パン、カップ 麺等食料 9 食分" "毛布または保温シート、簡易トイレ、衛生用品、 敷物、携帯ラジオ、懐中電灯、乾電池、救急医療薬品類、非常用発電 機、燃料、工具類、調理器具、副食、ヘルメット、軍手、自転車、地図"

福岡県	「福岡県備蓄基本計画」2014年 ひとりあたり"水9ℓ""高齢者向け食料、粉ミルク、哺乳瓶、離乳食、紙おむつ、アレルギー対応食品3日分""毛布、衣類、ガスコンロ、ガスボンベ、簡易トイレ、トイレットペーパー、生理用品、口腔衛生用品、要配慮者が必要とする物資"

　上記の中で、特に筆者がお勧めしたいのが大阪府条例にある「自転車」と「地図（道路地図）」である。

　何か不足した時や用事がある時に、容易に動ける手段が自転車である。実際に筆者自身も、東日本大震災の際に、道路という道路が自動車であふれ、また両端には帰宅者らで満杯の状況下、自転車で容易に移動することができたものである。

　また、携帯電話は電池の消耗を避けるため、できるだけ開きたくなかった時、行く道を調べるにはアナログではあるが紙の道路地図が非常に助かったものである。

注3)　検討すべき防災用品、防災備蓄品

　上記で示した事例以外で考えてみたのが下表である。

ソフトブレッド	乾パンは固くて食べられないと言う声や日常的にパン食という若者が多い。
軽食、菓子	シリアル、飴、チョコレート、ガム等は心も温めてくれる。
薄手の使い捨て手袋	非常時には、手を洗うこともままならない。
食品用ラップ	皿がなくても直置きできるし洗わずに済む。
三角巾、ガーゼ	ケガや出血の応急処置として必需品。
ロープ	モノの固定、2〜3階程度からの脱出向け。
除菌濡れティッシュ 除菌剤、除菌液 薬用ハンドソープ	感染予防対策品。スプレータイプやジェルタイプ等の除菌剤も考慮したい。
マスク	人からうつらない、人にうつさないのがエチケット。 ある程度の量を確保しておくことは言うまでもない。

養生テープ	ガラス飛散防止用。暴風雨対策にもなる。
簡易おしり洗浄器	企業向け多数個入りが販売されている。
つまようじ	欲しい時にないのがこれ。
耳栓、アイマスク	帰宅抑制が 2 日以上となると、うるさい、明るいは睡眠の最大の敵になりストレスが募る。
メモ帳、マジック	PC が使えない中での伝達手段。
園芸用支柱	2 本に上着の袖を通せば簡易担架になる。浸水した時は、側溝や穴の有無を確かめながら歩ける。
連絡網	従業員の安否確認用。

　以下のことは、企業防災と少し離れるが、被災地を訪ねた際に気付いたので触れておきたい。

　本書冒頭で触れた岩手県釜石市の「いのちをつなぐみらい館」を訪ねた時、釜石市立釜石東中学校 1 学年の生徒が書いた「自分たちが考える 10 コのアイテム」という災害時の備えを記したレポートがあった。

　ほとんどは一般的に知られたものであったが、ひとつだけ筆者が「目からうろこ」と感じたものがある。それは「家族写真」である。その理由について、こう書いてあった。「3.11 のとき、自分の家族をさがすときに困ったから」と。

　アルバムは持ち出せないし、携帯電話は流されたり壊れたり、使えなくなる可能性も高い。何枚かリュックに入れておいても良いかもしれない。

　なお、「帰宅困難者」に対する備蓄をどうするかは、個々の企業の判断に委ねられ、コスト面から難しい場合もあれば、そもそも考える対象となっていない場合もあり、それぞれであろう。ただ、実際にその日その時がくれば、間違いなく都市圏については「帰宅困難者」であふれかえるに違いない。特に一般消費者を相手に商売している企業、店舗ではそれは確実となる。備蓄品をそれら帰宅困難者に提供すれば、今度は従業員への提供はままならなくなる。または備蓄品が 1 日で尽きてしまうこともあり得

る。帰宅できなくなった一般消費者にどう企業として動いたかは、もしか
したらその後の、その企業、店舗に対する見方や、強いては経営に大きな
影響を及ぼすかもしれない。

注4) グループ LINE について

　双方向コミュニケーションアプリとして、今や知らない人はいない程の
ツール「LINE」を使用した「グループ化」であり、登録し合った特定複
数人の間で、日常会話から、ビジネス上のやりとりまで、さまざまに活用
されている。中には、緊急時に備えた「安否確認訓練」が行われたり、実
際の災害時、深夜時間帯にトップマネジメントがこの機能を使って、身の
安全確保、明日の出勤の免除、自宅でできることの指示等を送信し、数分
の間で全員からそのメッセージを受け取り安全であり、理解した旨の返信
がなされていたりする企業もある。

　現在では、この LINE グループツール以外にも、ビジネスに使える多数
のコミュニケーションツール、チャットツールがあるので、いろいろ調べ
てみると良い。

Take a break ⑱　早く正確な情報をつかむことが生死を分ける

　大地震や大災害がひとたび発生すると、さまざまな情報が飛び交う時代と
なった。メディア発信の情報に限らず、ツイッターや SNS といった個人発
信の情報が多く飛び交い、それらの情報をみな手元で容易に拾える時代と
なった。しかし注意しなければならないのは、それが正しい情報なのか、タ
イムリーな情報なのかということである。デマやしばらく前の情報といった
誤情報も多く飛び交うからである。

　ある調査では、デマはそのデマを信じない人さえ行動に移らせてしまうよ
うだ。「○○が無くなる」との情報に、「無くなる訳がない」と思う人も買い
に走るというから厄介だ。わずかな不安や心配が購買動機を掻き立てるので
ある。

　先般の NHK スペシャルでは、同じ画像が多く拡散されているものは要注
意、真の情報であればいろいろな角度の画像が出てくると報道していた。

　正しい情報をタイムリーに拾っていけば、今、何を優先すべきかわかるこ

とも多い。ここでは、2011 年 3 月 11 日の東日本大震災時の津波を例にとって、考えてみたい。

　岩手県沖での最初の地震発生が 14 時 46 分、気象庁が最初に津波警報（大津波）を岩手県、宮城県、福島県に発表したのが 14 時 49 分、実際に岩手県大船渡市に 9.5m の津波（遡上高 29.0m）が到達したのが 15 時 18 分であった。

　宮城県石巻市には、その時点ではまだ津波は押し寄せていない。それから遅れること 8 分後 15 時 26 分に 8.6m の大津波が押し寄せた。

　結果の話しにはなるが、もし石巻市の沿岸にいた人が、最初の地震発生によりすぐに高所へと移動を始めていたなら、岩手県大船渡市の沿岸に地震が発生してから津波が押し寄せるまで 32 分、それから石巻市の沿岸に津波が押し寄せるまで 8 分、この 8 分から 40 分の間で、水平方向避難、垂直方向避難がどれだけでき得たであろうか。車移動はすぐに渋滞に巻き込まれるであろうことを想像すれば、歩いての移動となる。8 分なら大人の足で640m、速足で 800m ぐらいであろうか、40 分なら 3km から歩けることとなる。被災も時間差があり得ることを考えれば、いち早く情報を得て、いち早く避難行動に移す。一度避難したら戻らない。ということが、ひとりひとり命を守ることとなる。要配慮者、要支援者に対しては、いかに早く近くて高いところに逃がし切れるかということになる。重要なのは、発生した事象の甚大さの直観的把握と、正確な情報のタイムリーな入手が生死を分けるということである。今後さらにメディア報道機関は、あらゆる方法を使って、起きているその事象をどのように伝わらせるか、タイムリーに伝えられるか検討していくことが急務であろう。

8−2　どのような内部監査、外部審査が期待されるか

　取り組んでいるマネジメントシステムの規格要求事項に「緊急事態」に関する要求事項がある、ないを問わず、すべてのマネジメントシステムの内部監査や外部審査では、「緊急事態」に対する特定と準備状況、テスト（訓練）実施状況、発生した時の対応状況について、確認したい。

　特に、今や急速に進む異常気象による自然災害や甚大な被害が予測されている地震については、日本国内のどこにいても差し迫っている事態であ

る。感染症についても同様である。環境や労働安全衛生のマネジメントシステムに限らず、その発災によって本社や工場、事業所、営業所等の運営に甚大な被害が生ずれば、品質や情報セキュリティ、安全の追究どころか、事業継続が脅かされるからである。

　今後の要求事項規格の改正にあたっては、事業継続の視点に基づくレジリエンス関連の要求事項が標準的に追加されるのではないかと筆者は考えている。

8−2−1　緊急事態とは何かの認識の確認

　内部監査や外部審査では、まず企業が、自分の組織に関する「緊急事態」とは何かを認識しているかどうか、何が緊急事態なのか分析し特定しているか、確認したい。

　自らの組織の事業継続に甚大な影響を及ぼす事態は、当該マネジメントシステムの種別に関わらず、一通り特定しておきたいものである。

　緊急事態とは、Wikipedia では「一般に、健康や生命および財産あるいは環境に危険が迫っている緊急の状態をいう。事態が自然に収束するのを待ってから緩和措置を取る（事後処理）しか手段がないような場合もあるが、多くの場合は事態の悪化を防ぐための介入に急を要する。」としている。

8−2−2　安否確認訓練、机上・図上訓練の実施状況の確認

　何度も繰り返すが、緊急時に向けた「連絡網」を作成している企業は多いもののタイムリーな更新がなされていなかったり、固定電話の電話番号が主体となっていたりする。内部監査や外部審査では、「連絡網」を確認し、①タイムリーに更新しているか、②固定電話主体の電話番号となっていないかチェックしたい。タイムリーに更新していなければ、いざと言う時に機能しないし、その時になってからの各人への調査では多くの時間や手間が生じてしまうことになる。また固定電話回線は、電力供給と同様、遮断される可能性があることから、昨今では携帯電話の方が、連絡が取れやすく通信の主体となっている。携帯電話の電話番号や、メールアドレスを連絡網に記載すること、またはアプリを使用したグループ化を構築する

ことが期待される。（ただし通話は、そのような緊急時には輻輳すること
でつながりが悪くなるため、通信手段としてはメールやアプリを使用する
ことになろう）

　また、机上（図上）訓練の実施状況を確認したい。

8−2−3　リアルな想定とその想定に応じた訓練の準備、実施状況の確認

　訓練自体を行っていないとか、行っているとしても、火災による避難と
消火器使用方法の訓練だけで終えている企業が多い。

　そのような中で、内部監査や外部審査では、ぜひ訓練の「想定」に着眼
してほしい。岩手県釜石市の防災３つの原則のひとつとして「想定にとら
われない」があると前述したが、緊急事態訓練においては、何度も繰り返
すがその想定はできる限りさまざまに、できる限りリアルに想定するのが
良い。

　なぜなら、緊急事態は、いつどのような状況下で起きるかわからないか
らである。いつもの訓練通りにはならないのが緊急事態である。

　内部監査や外部審査では、ぜひいかに想定したか聞きだしてほしい。訓
練を何月何日の何時に行ったかではない。どのような災害がいつ、どのよ
うな状況下で起こったのか、いかに詳細に想定したかどうかである。

1.　どのような緊急事態（災害）が起きたと想定したか

2.　いつ（季節・月日・曜日・時間）の発災と想定したか

3.　その発災日時の出勤（勤務）体制はどうと想定したか

4.　来客者（客層・人数・来客場所）は想定したか

5.　障がいを有する人（障害の種別・人数・場所）の有無を想定したか

6.　その発災日時は、気象状況（天候・気温・風力・風向き）はどう
　　と想定したか

7.　複合的に発生した災害を想定したか、どのような災害と想定したか

8.　時間経過の中で、どのように被害が広がったか想定したか

9.　近隣の被災状況（道路・建物・河川・鉄道等）を想定したか

　訓練は、必ずしも体を動かす訓練でなくてもよい。図上（机上）で数人

が囲んで考えを言い合うような訓練でも良い。いかに具体的かつリアルな想定をしたかである。

　具体的かつリアルな想定がなされるほど、どのような動きをすべきか、可能な行動と不可能な行動が見えてくる。南からの風が吹いている中での火災であれば、南方向への避難はできないと気付けるはずである。冬の夕刻であれば、停電したら行動しづらくなることに気付けるであろう。自らが被害なく大丈夫でも、近隣の倒壊、火災によっては、内部に留まる方がよい場合もある。河川が氾濫すれば、広い屋外駐車場に逃げるより、上階や屋上へと向かう方が良いかもしれない。

　マネジメントシステム規格は、訓練したらその有効性を評価し、訓練結果によって対応手順を見直せという要求事項を言っているが、さまざまな想定の分だけ手順はあり、そのすべてを網羅することは現実的でない。むしろ「津波てんでんこ」のような教育と、訓練の繰り返し、訓練に対するみんなの参加が必要である。訓練によって、何を"準備"すべきか見えてくるので、その準備（備え）をしっかりしたい。そのような準備（備え）に、訓練を通じて取り組んでいるか、重要な確認ポイントとなろう。

　十分な取り組みがなされていなければ、たとえば次のようなコメントを出したい。

観察事項（改善の余地事例）

　組織は、毎年8月、地震発生による緊急事態に備え避難訓練が行われ、他方毎年10月に火災消火訓練が行われている。しかし地震発生に対する被害の程度や火災発生に対する訓練内容が画一的になっている。地震においても火災においても、それぞれ一層具体的かつリアルな想定の下での訓練に期待したい。また災害は単一で起こるとは限らないことから、地震発生により火災も発生したといった複合的な想定も行い、場合によっては停電下で、出勤者が限定されているといった想定での訓練も有効と思われる。

8－2－4　防災・減災関連の力量管理、有資格者状況の確認

　要員（従業員）の力量とは、何も「品質」や「情報セキュリティ」「食品安全」等に対する力量があれば良いというものではない。取り組んでいるマネジメントシステムの対象力量だけ考えるからそうなるのであって、事業プロセスとの統合という点から考えればそれでは十分ではない。

　多くの組織が、マネジメントシステム運用にあたり「スキルマップ」や「力量一覧表」「有資格者登録表」等が作成されているが、ぜひ当該マネジメントシステムに関する力量に留めずに、幅広く、各自の力量の現在の状況や、教育訓練に繋げるべき力量の不足状況の可視化がなされることが期待される。

　特に、「防災・減災」や「感染症予防」に関する知見は、ますます組織内に必要とされると考えたい。すでに社内には、そのような知見を有する従業員や、本書に示した資格を保有している従業員がいるかもしれない。調査し、社内保有ナレッジとしてその知識を共有したり、取得を推進したりすることが大いに期待される。企業のトップは、そのあたりへの資源の可視化や保有のための投資に着眼すると良い。

　「防災・減災」に係る教育、「感染症予防」のための教育は、今後の企業運営には必須となろう。避難訓練ばかりでなく、たとえば、座学で専門的な研修を受けさせる、関連する資格を取得させる、等である。特に感染症予防やいざ感染が疑われるような症状が見られた時の対処については、まだまだ正しい知識を持ち得ていない従業員が多いと推測される。また、新しい生活様式を考慮した、働き方改革や業務の多能工化、ICT 化の推進も強化する必要がある。

　内部監査や外部審査では、そのような点を確認し、企業の知見や知識の自社としての強い点、脆弱な点を炙り出したいものである。

　法令の知識に関する力量要求事項として、環境マネジメントシステム要求事項では、「環境パフォーマンスに影響を与える業務、順守義務を満たす能力に影響を与える業務を行う人に必要な力量を決定し、それらの人々が力量を備えていることを確実にする」とし、とりわけ附属書 A では「順

守義務を決定し評価する」「緊急事態に対応する」「順守評価を実施する」といったことを行う従業員がそれに該当するとしている。しかし、環境マネジメントシステムに限らず、どのマネジメントシステムに取り組むにしろ、企業に適用される法規制の特定、評価、緊急事態対応、順守しているか否かの監視、確認といったことは、幅広く言えるのではなかろうか。その中でも特に、災害時（被災時）に法令がどのようになっているかの知識を有しているか否かは、たいへん重要である。ひとつの例であるが、被災時、企業の設備や業務用冷蔵庫、エアコン室外機、パソコン、当直室にあるテレビ等が浸水によって使い物にならなくなった場合、それは産業廃棄物となるのか、一般廃棄物として扱えるのか、家電リサイクル法の対象として出さなければならないのかといった問いである。このような問いにはまだまだ十分な認識がなされていないが、答えを言ってしまえば、それらはすべて一般廃棄物として、行政が指定した災害廃棄物置場等に出せるし、家電リサイクル法の対象機器にはならないということである。

8－2－5　BCP 策定状況の確認

先に、観察事項事例をひとつ紹介しよう。

観察事項（改善の余地事例）

　組織は、環境マネジメントシステムに取り組み、その活動の一環として「防災対策」に取り組み、昨年、新たに「事業継続計画書」を策定し発行していた。このこと自体は高く評価したい。しかし本計画書の冒頭で規定している"災害の対象"は、「地震及び津波」として特定し、継続計画はその対応策を記したものとなっている。昨今では、地震や津波に関わらず、河川氾濫による浸水、暴風雨や土砂崩れ等による建屋破損が、現実的に毎年のように各地で発生していることから、"災害の対象"を広げて検討し、より充足した計画書にしていくことが期待される。

「事業継続計画書」いわゆる BCP は、前述した通り、まだわずかな企業で作られているのみで、中小企業や小規模事業所となると、ほとんど進ん

でいないというのが現状である。産経新聞 2020.1.17 記事によれば、市町村レベルの BCP にあたる「復興事前準備」は、国土交通省による策定・準備のガイドラインが発行されているにも関わらず、半数以上の自治体で策定されず検討さえ進んでいないともいう。

しかし、筆者が各種マネジメントシステム審査で、多くの組織に伺う中、少しずつながら広まりが感じられるのも事実である。ある保険代理店事業者では、保険会社からの指導と雛形計画書によって、やっと重い腰を上げて作り始めているという。

前進することが何より大事である。とにかく自然災害や感染症拡大を、事業を脅かすリスク（脅威）ときちんと捉え、緊急事態への対応、取組み策として、検討し始め、一歩出ることが重要である。

内部監査や外部審査では、その種別が「品質」であれ「環境」であれ「情報セキュリティ」であれ、ぜひともマネジメントシステム活動の円滑な推進に脅威となる、「自然災害」や「感染症」への対応について、この「事業継続計画」の策定について触れてほしいものである。

すでに、検討が始まっていたり、計画の可視化が進んでいたりすれば、高く評価してあげたい。また、すでに策定していて、さまざまな準備が始まっているという場合には、ぜひ「対象とする災害」に着眼してほしい。対象が地震や津波だけでは不十分である。ある企業は、その対象として風水害はもとより大規模火災や火山噴火、感染症の拡大等も加えていたくらいである。

観察事項～良好事例

　組織は、地震や洪水災害に加え、新型インフルエンザ感染症の発生に基づいて BCP を策定し、普段から業務の在宅化を推進しており、さらに "人から人への感染情報" をもって事業部長による対策本部の立上げ、従業員ひとりの感染をもってサイト活動の一時停止、地域情報によって順次停止拡大する手順を有していました。一時的には内外のコミュニケーション停滞やサービス提供の中断が発生し得ることも想定して、行政指示よりも先駆けて動くフローとしていました。

このように、即行動に移そうと準備している企業もあるのである。実際に「新型コロナウイルス感染症」では、ある工場で、ひとりの感染者が出た段階で、数百人の従業員に在宅勤務を指示、早い段階で工場閉鎖に踏み切っている事例も見られた。逆に、ある団体では、その会合でクラスターが発生した事例もある。40人ほどでわずか1時間半、雨のために窓を開けることができなかったという会合が感染拡大させたという。いかにソーシャルディスタンス（社会的距離の確保）を実践し、濃厚接触状態を企業内に作らず、罹患させないかである。

　内部監査や外部審査においても、完全終息しワクチンや治療薬によって安心・安全な状況となるまでは、当面ソーシャルディスタンスを継続実施したいものである。たとえば、①ICTを駆使したリモートによる確認、②最少人数での一定の距離を保った確認、③なるべく広い会議室等で換気しつつ確認、④マスクと手洗いの徹底、⑤互いの健康状況チェック、等である。

　もちろん地震や台風等との複合災害となれば、停電も発生し得ることから、ICTの活用さえままならなくなることも想定しなければならない。

　企業の危機管理能力が本当に試される昨今になってきた。

　感染拡大第一波のなかでも、いくつかの外部審査機関は、現地審査を強行したり、また、内部監査の実施も求めたようであるが、筆者は、中断・中止・延期の選択も重要と考えている。

　それぞれのトップマネジメントの判断は極めて重要だ。

8-2-6　事業継続に関しての検証の必要性

　「新型コロナウイルス感染症」がなかなか終息しない中ではあるが、それぞれの企業はぜひ一定の終息後に、何が企業としてできたか、できなかったか検証を行いたいものである。その検証の目的は、企業が取った方針や措置を問うのではなく、次の緊急事態時に備えるためのノウハウとすることにある。いくらこれまでに新型インフルエンザ等の感染症が騒がれていても、さすがにこの事態は想定されていなかったに違いない。だからこそ初めての経験を次に活かさなければならない。以下のようなテーマで

検証することもひとつである。

方針決定とそのタイミング、周知展開
従業員の出勤方法、勤務方法、生活支援体制
新型コロナウイルス感染症に関する正しい情報の入手
市場・社会動向とニーズの把握、それに基づく製品・サービス提供の優先順位づけ
人的資源、設備、工程、購買、生産・サービス提供可能状況の把握
可能な場合、環境を配慮したうえでの製品・サービス内容の新規設計・開発
テレワーク・ネットワークビジネスの方法、政府方針・目標への貢献の程度
顧客先を含む外部・内部コミュニケーション状況

　これらの検証結果は、記録として整理して保管することが期待される。

　ちなみに、この検証は「感染症」に限らず、災害に遭遇し被災した場合のすべてに言えることである。

8−2−7　リモートによる監査の研鑽を

　感染症拡大期においては、現場を直接指導する、また、近づいてインタビューするという、密になりがちな内部監査は避ける必要がある。さまざまな Web システムを活用しリモートによる内部監査も研鑽していく必要があろう。外部機関による審査や顧客監査も同様であろう。

リモート会議システムツール例

ツール	特　　徴
Zoom	いろいろな規模や要求に応じた使いやすいツール
Cisco Webex	気軽に使い始められるツール
Google Meet	Google の他のサービスと連携して使える

※他にも多くのツールが開発され、販売されている

8−3　企業、自治体向け防災・減災、事業継続関連の損害保険

　企業に対して、災害に対応し、万一の場合に事業を強力に支援してくれる保険、自治体に対し避難所開設・運用を強力に支援してくれる保険が、昨今顕著に取扱件数を伸ばしつつある。このような保険商品を知っておくことは重要であるし、また加入を検討することも必要であろう。

8−3−1　事業休止・休業保険

　企業においては、事業が停止すること、休業に追い込まれることは命取りである。しかし昨今の自然災害による被災状況を考えると、建屋から設備、備品までごっそりと失ってしまうことが容易に考えられる。もちろん「防災・減災」に向け、さまざまに対策を打つべきことは前述したが、それでもなお失うものは少なくないであろう。

　そのような事態、つまり事業休止時や休業時に企業を支援してくれる損害保険が、販売されている。その損害状況に応じて支払われる。建屋や設備の補償のみならず、事業休止・休業による収入減少や利益減少を補償することを含めた保険商品もある。地震に限らず、津波、火災、爆発、風災、外部からの物体による損害等、幅広く対応している保険もある。まさに昨今のニーズに対応する、事業復旧、継続に向けたサポート型損害保険である。

8−3−2　避難所開設保険

　大きな災害が予測され、住民の安全を確保するために開設される「避難所」であるが、開設し運用する費用は少なくない。災害救助法が適用された災害の場合には、国から財政支援が得られるが、災害救助法が適用される災害でない場合は、その支援は得られない。また、「避難所」開設のその特性は、被災の程度が見通せないままに開設すべきものであり、だからこそどうしても自治体の先行投資による費用負担が発生する。

　そこで、財政面を気にせずに「避難所」を開設し運営を始めるために、一部の損害保険会社から自治体向けに「避難所」開設、運営に関わる費用を支援するための損害保険がすでに発売され、保険に加入する自治体件数

は大幅に増加している。全国市長会、全国町村会のまとめを基に 2019 年 6 月 4 日付読売新聞報道では、2017 年度 117 自治体、2018 年度 224 自治体、2019 年度（5 月末現在）315 自治体といった状況である。

　掛金額は、人口に応じて設定され、1 回あたり及び年間あたりの上限はあるものの、開設・運営に携わる職員の手当てや食料・飲料の費用が支払われる。「避難所」は、避難情報に基づいて開設することとなるが、その対象は地震に限らないため、台風や火山噴火、津波等広い範囲がカバーされるようになってきている。

　昨今の災害情報を見聞きすればするほど、「避難所」はタイムリーに、かつ躊躇せずに開設することが求められる。時には空振りも多いはずである。まさに昨今のニーズや期待に対応した保険であろう。

参考

支払い保険金がタイムリーに増額されることも…

　企業向け保険からは少し離れるが、2020 年の「新型コロナウイルス感染症」においては、本感染症に感染して死亡した場合、いくつかの保険会社では、死亡保険金の支払い額を増額すると早い段階で発表した。疾病による死亡とはいえ、不慮の事故に近いものがあると考えられるからである。

　事態の変化に応じて、このようにタイムリーに顧客視点で検討され判断することは、非常に重要である。緊急事態下では、いかに既存概念や既知の仕組みを超えて何が必要かをタイムリーに講じることができるかが、終息後の企業の安定性や信頼性に繋がっていくものと思われる。

　やがては感染症拡大下で、企業が事業休止、休業しても家賃や従業員給与の一部がカバーされるような保険商品が設計され、登場することに期待したい。個人においても疾病休職の場合に十分生活資金がカバーされる保険が登場するに違いない。

8－4　日本政策投資銀行による「BCM 格付融資制度」

　日本政策投資銀行は、「企業価値の源泉に光をあてる」「良い企業が正当に評価される社会を創りたい」をモットーとして、「評価認証型融資」を

行っている。以下に示す認証マークにある通り、「環境格付」認証融資、「健康格付」認証融資、そして「BCM格付」認証融資である。

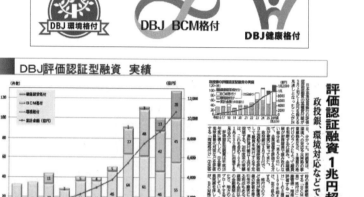

出典：「「DBJ BCM格付融資」のご紹介（2016.2.22）」

　ここでわかる通り、いかに企業が、環境や事業継続や健康に普段からコミットしさまざまな施策を講じ取り組んでいるかが金融面でも問われ始めているということである。一定の基準をクリアし格付認証が得られた企業が、優遇された融資を受けられるという事例だ。
　BCM格付の評価項目を見てみよう。

分野		評価項目	得点
事業継続	ハード面	(1) 施設・設備の状況把握と災害対策	25 点
		(2) 物的経営資源（拠点・設備・その他）の代替性確保	
		(3) 情報システムの安全・安定性と冗長性確保	
	ソフト面	(4) 事業継続リスクアセスメント、基本方針の策定、事業継続体制の構築	50 点
		(5) 事業継続リスクアセスメントに基づく重要業務の洗い出し	
		(6) 事業継続の制約となる機能、・資源（ボトルネック）の把握、時系列でのボトルネック把握と対処策	
		(7) 許容中断時間／目標復旧時間の設定と業務水準の算定	
		(8) 継続する戦略（早期復旧戦略、代替戦略）の検討	
		(9) 事業継続の教育、演習、見直し	
		(10) サプライチェーン／バリューチェーンのリスクマネジメント	
		(11) 地域コミュニティへの貢献	
		(12) 能動的なリスクコミュニケーション	
		(13) 災害時の財務的な安定性確保（リスクファイナンス、保険の活用）	
		(14) 総合評価	
防災対策		(1) 応急対応を中心とした防災計画の策定	25 点
		(2) 生命安全確保策の整備	
		(3) 周辺地域への二次災害防止策の整備	
		(4) コンプライアンス	

出典：日本政策投資銀行ホームページ「BCM スクリーニング概要（2015 年版）」

　ちなみに、日本政策投資銀行は、自ら編集し発行した 2005 年 3 月の「調査 第80 号：防災マネジメントによる企業価値向上に向けて―防災 SRI（社会的責任投融資）の可能性―」の中で、早くから企業の防災マネジメントが企業価値になると予測し、その企業価値に対して金融機関として投融資の対象になっていくであろうと提言している。

　この段階で、防災格付けについて言及しており、その考え方として「企業の防災への総合的な取り組み（防災マネジメント）に対して、それを適

正に評価し、取り組みの一層の促進につなげることが要請される。防災格付けについては、総合的な指標を作成する方法に加え、環境や CSR 格付けの指標のなかに防災に関する指標を取り込んでいく方法もある。」としている。

　指標項目のポイントとして、①トップのコミットメント、②情報化、地域との連携、③事業継続、④防災への取り組みが形式的な内容で終わっていない、等を考慮するとした上で、防災格付け評価指標を、以下の通り示していた。（前述した評価項目よりも、詳細な指標となっているので参考に示す）

	事前対策（減災対策）―被害の規模を極小化― 評価項目一例	
方針計画の策定 -Plan-	方針	防災（減災）に取り組む全社的な方針を有しているか
	目標	防災（減災）に関する明確な目標を定めているか
	計画	防災（減災）対策を効率的に進める中長期の計画を有しているか
	マニュアル	防災に関する総合的なマニュアルを定めているか
	組織	防災（減災）を統括する部署があるか
	経営者のコミットメント	防災に関する取組みについて、明確なトップのコミットメントがあるか
具体的な施策 -Do-	リスクの想定	複数のシナリオを準備しているか
	防災投資	単年度ごとに防災に関する投資額を把握しているか（防災会計）
	耐震化の促進	耐震化を進める上で具体的な対策があるか
	不燃化の促進	不燃化を進める上で具体的な対策があるか
監査、訓練 -Check-	監査	自社が行う防災対策を第三者から客観的に評価されているか
	教育	災害に関する基本的な事項（地震発生による被害、近年の災害発生状況等）を全従業員に対して教育しているか

	耐震化の進捗状況		全事業所において、震度7までの耐震性を確保しているか
	不燃化の進捗状況		全事業所において、不燃化対策を講じているか
見直し–Action–	見直し	第三者からの評価を計画やマニュアル等に適切に反映しているか
共通項目	コンプライアンス	直近の3期において、重大な法令違反はないか
	地域	国や地方公共団体と、災害時に自施設を避難者に開放、食料・水・物資等の提供などといった応援協定を締結しているか
	防災商品	防災に関する商品やサービスの売上が前期と比較して増加しているか
	情報開示	自社が行う防災対策に関する情報開示は適切に行われているか

　本表では、ここに示した「事前対策」とは別に、「災害直後対策」「復旧対策」の指標も示しているが、ここではそれらは略すこととする。

　また、同誌では、「新たな企業評価」として、これまで言われてきている「環境会計」や「CSR会計」に加えて、「防災会計」という手法、考え方も示している。

　社会に発信する企業報告には「環境報告書」や「CSR報告書」があり、それらは、すでに多くの企業から発行されている。筆者は、これに続いて「防災報告書」がやがてメジャーになる時代が来るのではないか、むしろ急がなければならないとも考えている。

Take a break ⑲　**企業自体「正常性バイアス」「多数派同調バイアス」に陥っていないか**

　初めて聞く言葉だろうか。「正常性バイアス」も「多数派同調バイアス」も、心理学用語で、前者は、自分にとって都合の悪い情報を無視したり、過小評価したりする特性をいい、後者は、大勢の中にいて周りに合わせればとりあえず安全だろうとする特性である。人間は、予期しない現象にすべて対応し

ようと心が過剰反応すると疲れ切ってしまい平穏が保たれないので、心を守るための安全機能を備えているという。それがこの「正常性バイアス」や「多数派同調バイアス」と呼ばれる心理機能である。

　もともと個人の行動心理で使うようだが、筆者は企業体でも同じように言えるのではないかと考えている。「自分の会社は大丈夫だろう」「以前の大震災で大丈夫だったから簡単には倒れなかろう」といった企業としての「正常性バイアス」、「周りが動き始めていないから様子を見よう」「工業団地内だから避難なら指示が出るだろう」といった組織としての「多数派同調バイアス」である。

　非常ベルが鳴った時に「また誤報ではないか」と、慌てずにすました顔を続けるのもここからきている。特に宿泊業や飲食業ではよく見られることである。

　避難行動に移らない最大の要因は、"自分だけは助かる"、"自分の会社だけは残る"という心の中の動きであるという。そのような「心の働き」を認識して、この考えは良くないと否定することが重要である。

　前述したが、東日本大震災の時の「釜石の奇跡」、「津波てんでんこ」の考え方は、何も津波の時だけではない、火災や土砂災害、火山噴火等の時にもこの考え方は必要である。自らの判断でまず自ら逃げる、自らの命を自ら守る行動が求められる。企業も同じである。自社の判断で自社として行動を起こすことが求められる。

　「新型コロナウイルス感染症」拡大の中でも、この「正常性バイアス」に多くの人々が陥っていると言える。「自分は感染しない」「まわりに感染者がいないから大丈夫」といった何の根拠もない楽観視である。若い人々だけでなく仕事第一と考えるシニア層でもそれはある。

　今や、そのようなバイアスを打破するためには、トップに立つ人自身、楽観視せずに常に危機意識と緊張感をもった言動、そして、機を逸しない決断・決定・指示が必要である。

参考

復興事前準備という考え方

　復興は被災してから考え始めるのではなく、事前に考え始めようという「復興事前準備」という考えが始動している。「復興事前準備」とは聞きなれないと思うが、国土交通省が、市町村が取り組むべき活動として推し進めて

いるもので、"平時から災害が発生した際のことを想定し、どのような被害が発生しても対応できるよう、復興に資するソフト的対策を事前に準備しておくことをいいます" としている。「復興事前準備」の取組は計 11 のステップで示されている。平成 30 年 7 月に「復興まちづくりのための事前準備ガイドライン」が発行されている。

実際にいくつかの市町村では東日本大震災や熊本地震の教訓により、行政機能や住宅地開発を事前に地区内の高台に移転し始めている。

（残念ながら本ガイドラインでも "災害の対象" は地震と津波に限定しており必ずしも十分ではないのだが）

8−5　感染症対策

自然災害を主眼として本書を執筆したが、その過程でこれまで幾カ所で加筆し述べたように「新型コロナウイルス感染症」の世界的拡大拡散が発生、2020 年 3 月 11 日、奇しくも東日本大震災発災日、WHO のテドロス事務局長が「パンデミックと見なせる」と世界的流行を宣言した。

感染拡大とともに地球規模で死者も急増、株価も大暴落、リーマンショックを超える経済情勢に至っている。

2007 年に NHK は "NHK スペシャル" で「シリーズ最強ウイルス」と題して、2017 年には同じく "NHK スペシャル"「ウイルス "大感染時代" 〜忍び寄るパンデミック〜」と題して、それぞれ当時騒がれていた新型インフルエンザの世界的蔓延と多数の死者を想定した番組を作成、対策を講ずべき提言をしていた。また、2010 年に発刊された高嶋哲夫氏著の『首都感染』や 2016 年に発刊された大原省吾氏著の『計画感染』も、実に今回の感染症拡大にオーバーラップし、対策の遅れが被害の拡大に繋がっている様を見事に描いている。私たちは、このような著作物を "架空の物語" として、現実に活かすことはしなかったのかもしれない。これからは警鐘を鳴らしている著作物に対して、真摯に学習しなければなるまい。

ちなみに、東京商工会議所では、2009 年の段階で「災害対策〜中小企業のための災害対応の手引き」を作成発行している。この中に「新型イン

フルエンザへの対応」の章がある。今思えば、実に重要な内容が詳細に記されているので少し紹介しよう。

「災害対策～中小企業のための災害対応の手引き」から一部抜粋

[想定される被害と企業活動への影響]

「(略) 新型インフルエンザの流行の波は複数回あり、ひとつの波の期間が約8週間続くと想定され (略)、業務や事業の縮小を余儀なくされ、企業活動が停滞すると考えられています」「また (略) 政府や自治体から事業活動の自粛を要請されることになります」「その場合も休業補償が支給される等の措置がなされる可能性は低いと認識しておくべきです」

〈感染拡大に伴う社会状況と想定される企業活動への影響等〉

医療の提供	患者が急増し、病床や医薬品が不足
集会等の自粛要請	集客施設の多くは休業、全国で集会・興行等の自粛要請
出勤状況	最大40％の欠勤率、子の休校・休園による欠勤も
資金の状況	資金調達や支払い等に混乱が生ずる可能性
経営	労働力・原材料等の不足、資金繰り悪化等による経営悪化
企業の事業継続	社会機能の維持に係る事業は継続、一方不要・不急業務を休止
電気・水道・ガス・通信	保守・運用等の業務を維持し供給、その他の業務は縮小・中断
公共交通	運行本数減の可能性、利用者の接触を減らす措置等を実施
金融	決済業務・ATM機能等を維持、その他の業務は縮小・中断
物流	従業員不足による集配・配送業務の中断、遅配、宅配・通信販売等に対する業務が大幅に増加
行政サービス	国民生活維持に必要な最小限のサービスを維持

［事前計画を準備しよう］

「事業活動が数カ月中断してしまった場合、中小企業においては“倒産の危機”に直面してしまう可能性もあるでしょう」「（略）経営者白らがこの問題を重大な危機管理事案として捉え、具体的な方針を社内に示しておくことが大切です」

〈重要業務と取りやめを検討すべき業務の考え方〉

・重要業務

　医療関係、ライフラインの維持、食料や生活必需品の供給・流通等で国民生活に多大な影響を及ぼす業務／お客様、取引先、株主等のステークホルダーへの影響、資金繰り、株価など財務面への影響が非常に大きく、経営上大きな影響を及ぼす業務／施設管理やシステム等で、他の業務を遂行する上で必要となる基盤業務

・取りやめや中断を検討すべき不要・不急業務

　不特定多数の人を集める場や機会を提供することになる業務や、不特定多数と対面しなければできない業務（ただし、上記の重要業務を除く）／出張、研修、新製品・新顧客開発等で緊急性が低い業務

［パンデミック発生！：感染防止策は？］

　現段階では発生していないため、感染経路を特定することはできませんが、飛沫感染と接触感染が主な感染経路と推測されます。

〈有効と考えられる具体的な対策〉

・対人距離を保とう　基本は２メートル以内に近づかないことです。不要不急の外出を避け、不特定多数の人が集まる場には極力行かないよう、業務のあり方や施設の使用方法を検討することが重要です。

・手洗いを徹底しよう　手洗いは感染防止策の基本です。

・咳エチケットの実施　マスクを適切に着用することによって、飛沫の拡散を防ぐことができます。

・清掃・消毒を徹底しよう

〈企業の業務を継続する際の感染防止策の例〉

従業員の感染リスク低減	業務の絞込み	・不要不急の業務の一時停止 ・感染リスクが高い業務の一時停止
	全般	・在宅勤務、職場内等での宿直の実施 　在宅勤務実施のための就業規則等の見直し、通信機器等の整備を行う
	通勤 外出先等	・ラッシュ時の公共交通機関の利用を防ぐための時差出勤、自家用車・自転車・徒歩等による出勤の推進 ・出張や会議の中止 　対面による会議を避け、電話会議やビデオ会議を利用する
	その他施設	・社員寮、宿直施設での接触距離を保つ（寮の二人部屋を見直す、食堂や風呂の利用を時間制にするなど）
職場内での感染防止	発熱者の入場防止のための検温	・従業員や訪問者が職場に入る前の問診や検温 　発熱による来所制限は、通常であれば38度以上が目安と考えられるが、事業所の判断によりそれ以下としてもよい ・発熱している従業員や訪問者は、出勤や入場を拒否する
	一般的な対人距離を保つ	・職場や訪問者の訪問スペースの入口や立ち入れる場所、訪問人数を制限する ・従業員や訪問者同士が接近しないように通路を一方通行にする ・職場や食堂等の配置換え、食堂等の時差利用により接触距離を保つ ・職場内に同時にいる従業員を減らす（フレックスタイム制など）
	飛沫感染、接触感染を物理的に防ぐ	・マスクの着用、手洗いの励行、職場の清掃・消毒 ・窓口などでは、ガラス等の仕切りを設置して飛沫に接しないようにする

	手洗い	・職場や訪問スペースに出入りする人は必ず手洗いを行う。そのために、訪問スペースに入る前に手洗い場所（手指消毒場所）を設置する。手洗い場所の設置が難しい場合、速乾性消毒用アルコール製剤を設置することも有効である
	訪問者の氏名、住所の把握	・訪問者の氏名、所属、住所等を記入してもらう（この情報は、後に感染者の追跡調査や感染防止策を講じるために重要となる） ・海外からの訪問者については、本国での住所、直前の滞在国、旅券番号なども記入してもらう
欠勤者が出た場合に備えた代替要員の確保		・複数班による交代勤務制、経営トップの交替勤務 ・家族の状況（年少の子どもや要介護家族の有無等）による欠勤可能性増大の検討

　「新型インフルエンザの流行は、新しい体験でありしかも長期におよぶことが予測されています（略）」「（略）パンデミックは日本だけでなく、海外でも同時に発生すると考えられていますので、海外で大流行すれば、輸入の減少や停止により生活必需品も不足して手に入らなくなることがあります」

　"新型インフルエンザ"を"新型コロナウイルス"と読み替えれば、実にそのまま今回の動きに当てはまる。今回のような状況に陥る前に、どうしてもっと国民挙げて「感染症拡大の恐怖」と「正しい知識と対応」「道徳観や文化、習慣の熟成」ができなかったものか、むなしくてならない。

　筆者は、改めて今回の「新型コロナウイルス感染症」拡大事案を、終息後にでも丁寧に検証し、教訓としてより綿密な対策手順を確立して、事業継続手法を含めて可視化してほしいと願う。次のその時に、段取り良く対処していくためであり、何よりも経営層を含む働く人々の命と企業財産を守り抜くために。

8-5-1　新型コロナウイルス感染症拡大を経験した上で企業が取り組むべきこと

感染症に係る従業員教育のさらなる充足と徹底を！

　今後、企業内の従業員教育においては、ぜひより一層丁寧な「感染症」に関する教育を内容的にも時間的にも充足させ徹底し、次の波や別の種別ウイルスが登場した時の備えを進めることに期待したい。教育のテーマ例を以下に示す。

（以下に示す症状や治療については、2020年3月から5月にかけて報道発表された内容に基づいている）

テーマ1：新型コロナウイルス感染症の特性を学ぶ
・感染者からの飛沫や接触媒体を通じて感染する
・感染しても約8割の感染者は、無症状であったり軽症状であったりする
・そのような無症状者、軽症状者が日常活動で他に感染させてしまう
・一部の感染者では、初期症状として味覚異常、嗅覚異常が生じている
・感染してから症状が発現するまでの潜伏期間は5〜14日ぐらい
・風邪のような咳と微熱の後一旦症状が改善し、その後に再び悪化する
・高齢や基礎疾患のある人は重症化しやすい
・ウイルスの増殖によって容体が急変し、数日程度で死に至ることがある

テーマ2：軽症者、重症・重篤者の症状特性等を学ぶ
・軽症といっても、強い倦怠感が生じ、39度以上の高熱が続き、咳が止まらない
・感染拡大期には、軽症者はホテル療養となる場合がある
・重症者には酷い呼吸困難がみられ、人工呼吸器が装着され肺に強制的に酸素を送り込む方法が取られる
・人工呼吸器で改善が見られない場合もあり、体外式膜型人工肺（装置例：ECMO）が使用され、直接的な血液中への酸素補充が行われる
・血管障害発生の可能性もある
・軽症でも身内でさえ面会可能性は薄く、重症、重篤状況では、ほぼ面会

可能性はない

・治療薬として、軽症者向けには"アビガン"重症者向けには"レムデシベル"等が改善効果を出しつつある（"アビガン"は商品名であり薬剤名は"ファビピラビル"）。有効性検証はこれからであるが、他にも多くの治療薬が出てきており、そしてワクチン開発、治験が進んでいる

テーマ3：悲惨な遺体処理について学ぶ

・指定感染症により死亡した場合、その遺体処理は通常取り扱いと大きく異なる

・一類感染症での死亡の場合、感染の恐れがあるために、遺体は納体袋という白い袋に収められ通常中が見られない状態のままで納棺される

・納棺に立ち会うことはできず、通夜等も行わないままに、防護服を着用した係員間のみで荼毘に付される

・遺骨も直接手渡しではなく、玄関先等で距離を置いての間接渡しが多い

テーマ4：普段からの感染防止策を学んで実践する

・手洗い、うがい、咳エチケットの正しい方法とその徹底

・次の波や新たな感染症が発生する前の対策徹底

　―他の人が触れた所をさわった手指で顔をさわらない

　―マスクの正しい着用

・発生期の対策徹底

　―朝晩、体温計で体温を測定する

　―風邪の症状でも自宅待機、むやみに医療機関を訪ねずに行政指導に従う（企業は風邪症状であれ出勤を求めないことが、肝要である）

　―いち早く3密状況を避ける

　（密閉・密集・密接の重なった場所はもとより、1密でも極力避ける）

　―密のある場所に出向いた場合、移動手段と行先、接触者等をわかる範囲メモしておく

：家庭内で家族に疑わしい症状が見られた場合の対応を学ぶ

・部屋を分ける（寝るのも食事も可能な限り個室、本人は極力部屋から出ない）
・食事は、部屋の入口で接触せずに受け渡し
・洗面所や風呂は、家族が利用した一番後とする
・ドアノブ、風呂の取っ手や蛇口、シャワー、洗面所蛇口は消毒する
・タオル使い分けし、衣類を含む洗濯は、家族の洗濯と分ける
・世話等での本人との接触は、限られたひとりとする
・家族全員が家庭内でもマスクを着用、手洗いやうがい、手指消毒をしっかりと行う
・定期的に換気する
・マスクやティッシュ、本人からのごみはビニール袋に入れ、密閉して捨てる
（ごみは、回収業者に感染させないためにも破裂するほど詰め込まない）
・体温の定期測定

　ちなみに、家族や同僚が感染した場合、自らも濃厚接触者となり自宅待機が必要となる。つまり社会生活を止めなければならなくなる。そのような時に備え、新型コロナウイルスに自らも感染したフリーアナウンサーの赤江珠緒さんが、手記を寄せていたので、その中で触れられた「事前にできる準備」を簡単に紹介しよう。
・2週間分の隔離生活の用意をスーツケースなどにある程度まとめておく
・家を少しでも片付けてできるだけスペースを作っておく
・玄関前に食品など必要なものを届けてくれる存在の確認
・他のケガや病気になっても簡単に出られないので置き薬
・（子供がいる場合）親が共倒れになった場合の子供の面倒は誰がみるのか（の確認）
・（回復した場合）社会に戻って社会を回していけるような世間の理解（の熟成）

企業内における感染予防対策の継続とさらなる検討、研究の必要性

　完全終息までには、長い年月がかかると予測されている。しばらくの間は、企業において徹底した感染症対策の継続が必要となろう。むしろそれが新しい日常になるとも言われている。

　特に「新型コロナウイルス感染症」においては、季節性がないために、年間通して対策継続が求められよう。従業員向けと日常業務、対顧客向けについて対策が必要だ。

　従業員に向けては、①マスク着用、②手洗い徹底、③健康状態の申告、④可能であればテレワーク、⑤風邪症状でも出勤は停止、⑥時差出勤やマイカー、自転車、徒歩通勤の奨励、⑦食事や着替え、休憩方法の改善、⑧会議、出張、対人営業等の方法改善等である。特に出張では、国内のみならず海外、その滞在方法も十分な配慮が必要である。

　日常業務に向けては、換気はもとより、ドアノブや机上の電話機、携帯電話の除菌も欠かせない。非接触対策はともすると防犯対策と裏腹になる点も要注意だ。また、業務上必要な物品や資材の仕入れにおいては、供給先の見直し、特に海外からの調達では1国に頼らないリスク分散が必須となろう。

　対顧客に向けては、①マスク着用のお願い、②出入り時の手洗い又は消毒のお願い、③ビニールやアクリル板等での飛沫感染防止、④換気のお願い、⑤可能な限り最少人数での対応願い、⑥対面面談を避けるか短時間に留める等である。

　仕事の進め方は、今後一層非接触形態へと進むと言え、相応の検討や研究が業種、業態ごとに期待されよう。業務のテレワーク化に伴い、業種によっては、店舗や事業所さえ、不要になるかもしれない。

〈業種別の感染症予防ガイドラインについて〉
　2020年5月14日付で、「内閣官房新型コロナウイルス感染症対策」特設サイトに、業種ごとの「感染拡大予防ガイドライン」が示された。各業種の団体等が、特性をふまえて作成したもので、19分野81団体が参画している。

〈感染予防チェックリストについて〉

　同じく同日付で、厚生労働省より「職場における新型コロナウイルス感染症への感染予防、健康管理の強化について」が発表されている。その文書内にはチェックリストが添付されて55項目のチェック事項が記されているのでぜひ活用すると良い。

マスクや薬用ハンドソープ、アルコール消毒スプレーの確保

　安定供給され品質に問題ない製品が感染拡大以前の価格で出回るようになるには、しばらく時間がかかりそうであるが、社内備蓄分の確保や従業員各自への確保の呼びかけは必要であろう。

在宅勤務のさらなる移行、またはいつでも移行できる体制整備

　安全が確認され安定した供給がなされるだけの治療薬やワクチンの提供が一般になされるまで、いつ次の感染拡大の波や別の感染症が発生しないとも限らない。よって今後ますます在宅勤務の必要性は叫ばれるであろう。これまで以上に、仕事の仕組みやコミュニケーションの在り方を根本的に見直すことが必要かもしれない。

　もし現在それが叶わない業態であっても、何らか3つの密（密閉・密集・密接）を避けるような仕事の仕方は、一層模索しなければならないであろう。体制整備が必要だ。

　一層スピード感をもったロボット化、AI化の推進も期待されよう。

感染症ハラスメント防止に関するルール構築と教育の徹底

　感染者やその家族、医療や介護の従事者等に対して、あらゆる所や場面で、差別的な言葉や態度を示す状況が見られた。不安や恐怖に近い感情がそうさせているであろうことは容易に想像できるが、今後はそのような言動も、ハラスメントのひとつとして企業内での教育に織り込み、ルール化や自制心の育成に努めたいものである。

感染防止策の広範な社会向け広報を積極的に行っていく

　さらに企業として、社会に向けたあらゆる広報戦略の中で、感染防止に関する文化熟成に向けた広報を推し進めていくことに期待したい。

次の事業活動一時停止・休止時に向けた資金計画の見直し

　全国一斉の緊急事態下において、事業の一時停止や休止・休業を余儀なくされた企業は多いであろう。あらゆるコスト面の見直しはもとより、防災・防疫に関するマネジメントの強化、企業保険等の見直しを含めた資金計画の見直しをしていく必要があろう。

　もちろん、資金計画の見直しの際は、国の"持続化給付金"等さまざまな支援制度の活用もしたい。どのような支援制度があるかについても参考にしたい。

緊急時に備えた業態転換、新製品、新サービス等の模索

　一部を除き、多くの業種、業態企業で売り上げを大きく落とし、下方修正に至っていることと思われる。それはポジティブに考えれば、今後自社が何ができるかを問われていると言っても過言ではないかもしれない。

　報道された中で耳にしている人も多いと思うが、電子電気機器メーカーや肌着服飾メーカーがマスクの製造に、登山用品メーカーが防護服製造にと乗り出し、あるいは自動車メーカーが医療装置の製造に乗り出したり、はたまた金属製品製造の町工場が手でさわらずに開けられるドアノブ付属品を開発したり、さらにはタクシー会社が買物代行、航空会社CAが医療現場支援にと、異業種や、未経験製品製造、サービス提供にチャレンジし始めている。ホテルは、無症状者や軽症者の一時隔離施設として行政へ客室を提供し、医療崩壊を食い止めるための支援に動き始めている。

　今後ますます、このような緊急時に備えた業態転換や新製品、新サービスの模索が必要となるであろう。現在の事業の業種、業態を超えた、経営継続のための新たな一歩を歩みだすために、自社で何ができ得るかの検討が望まれる。

契約書面の見直しや印鑑文化の見直しを

　企業が事業活動する上では、必ずや契約の取り交わしや印鑑の押印がついて回る。一般的に、契約には契約に関する"取り消し"の条項があるが、感染症拡大時や政府の緊急事態宣言に応じたさまざまな自粛下で、顧客からの契約"取り消し"の申し出に、その処置について定めているだろうか。「想定していなかったので取り消しはできません、取消料がかかります」等では今後は通用しないのではなかろうか。また、あらゆる文書において印鑑の押印を必須とする慣習が根付いてしまっていないだろうか。

　そろそろ今日のような初めての経験を通じてさまざまな商習慣の一部は抜本的に見直す必要があろう。またこのような事項は、契約や印鑑以外にもありそうである。この機会にタイムカードを全廃した企業もある。

　なお、裏腹であるが、決めごとを大きく変えていく際は、記録を残すことが肝要である。専門家会議において議事録が作られなかったことが報道されたが、変革期の議事は、将来の財産になることを忘れてはならない。

8－5－2　シンガポールの BCP ガイドラインについて

　世界的に「新型コロナウイルス感染症」が蔓延し、主要国の多くが大変な数の感染者、死亡者を出している中で、シンガポールは一部の外国人労働者等の感染を除いて少ない数で留まっている。5月下旬で感染者に占める死亡者は 0.06％であった。いろいろな対策や施策の実施がなされたのは報道されている通りであるが、シンガポールはどの国にも先駆けて本感染症のひとり目の感染者が発生した段階で、即刻国として企業向けの BCP を策定発出し、その計画に従ってスピードある施しを企業に求めたことは、あまり報道されていない。ここで少しシンガポールが策定発出した「新型コロナウイルス感染症に対する BCP ガイドライン」を少しだけ紹介しよう。

　初版は、シンガポール国内で一次感染者が発見された 2020 年 1 月の月末に発行している。その後、本感染症の名称を WHO が「COVID-19」と決定した段階で見直しし同 2 月に第 2 版を発行している。

　本ガイドラインは、ニュートン・コンサルティング社の「リスク管理 Navi」を参照すれば、その構成や要点、日本企業が参考にすべきポイン

ト等詳細が記されている。

　もちろんこのガイドラインだけが功を奏したのではなく、むろん国がいち早く、リスクある国に渡航したことある全員の入国を制限したり、感染可能性ある人を厳格に隔離し接触者を含め徹底追跡、違反者は罰したりする等、強い対応をとったこと等も、感染を抑えられている背景であろう。感染者を出さなければ死亡者は増えないのは当然である。個人特権や自由、プライバシー保護とさまざまな課題を超え、国民の生命をあくまで守ることを早々に決断することについては、今後の結果検証の中で、改めて議論が必要であろうが、筆者は「命の保護」に勝る「保護」はないと考えている。

　なお、他に海外では、ベトナムや台湾、ニュージーランド等のように、拡大防止で成果を上げた国も多い。徹底した隔離政策と、早期の出入国制限、罰則を伴う自粛制限等によって、最小限の感染拡大で収束した事例も見られた。

8−5−3　やむなく事業を続けなければならない事業における感染防止の対応

　感染症拡大、緊急事態下においても、国民の生活を支えるため、どうしても従業員に出社を呼びかけ運営し続けなければならない業種がある。一部の行政機関や医療、介護福祉、保育施設、公共交通機関、物流事業者、金融機関、そして薬局や食料品店等である。

　そのような事業のうち、一般事業者の労使団体の長向けに、厚生労働省から2020年4月17日付で「緊急事態宣言時に事業の継続が求められる事業で働く方々の感染予防、健康管理の強化について」という文書が発出されている。項目を以下に示す。

1. 労務管理の基本的姿勢
   (1) テレワーク支援措置の活用
   (2) 雇用調整助成金を活用した休業の実施
   (3) 職場における感染防止の進め方

2. 職場における感染予防対策の徹底について

(1) 職場内での感染防止行動の徹底

(2) 通勤・外勤に関する感染防止行動の徹底

(3) 在宅勤務（テレワーク）の実施が困難な業種・職種についての留意事項

（ア）医療機関における感染防止

（イ）旅客・貨物運送事業の運転者等の感染防止

（ウ）介護・福祉労働者の感染防止

（エ）保育所等の労働者の感染防止

（オ）宿泊施設の労働者の感染防止

3. 風邪症状を呈する労働者への対応について

4. 新型コロナウイルス感染症の陽性者等が発生した場合の対応について

(1) 衛生上の職場の対応ルールについて

(2) 労災保険制度について

5. 新型コロナウイルス感染症に対する正しい情報の収集等

　この文書は、厚生労働省のホームページからダウンロードできるので参照されたい。

　また、小売業等の従業員や来店客の感染予防としては、徹底したソーシャルディスタンスが求められるようになってきている。この時期に限らず、今後永きに渡って継続して、社会ニーズとして飛沫感染対策や接触感染防止の取組みが、求められるのではなかろうか。

Take a break ⑳　避難所における感染症対策

　あまり考えられていないが、筆者は「東京オリンピック開催中に首都直下地震が発生したら円滑に災害対応がとれるのであろうか」と、かなり早い段階から思っていた。そのような中で、新型コロナウイルス感染症の世界的蔓延が発生した。「この感染症蔓延時に、自然災害（たとえば 2019 年の台風本土直撃）や巨大地震が発生したら、国は国民の命をどこまで守れるのか」

と、ふと考えてしまった。

　東日本大震災以後、さまざまに専門家らが「地震と感染症」に関する対策論文等を発表しており、これまでのインフルエンザ種の特性下で研究されてきている。たとえば、日本環境感染学会では「大規模自然災害の被災地における感染制御マネージメントの手引き」を策定発行し、検討内容が詳細にまとめられている。

　しかし今回の「新型コロナウイルス」は同じ対応が良いとは必ずしも言えないのではないか。特性がまったく異なるからである。筆者は、「新型コロナウイルス感染症」の蔓延期は、避難所がたとえ開設できたとしても本来のその機能が立ち行かないのではないかと強く危惧している。無症状の感染者等が避難所に押し寄せ、身を寄せ合うことはクラスターが発生するリスクが格段に高い。またそのような無症状の感染者をどう避難所入口で容易に判別できるか、かといって容易に被災するかもしれない自宅に帰らせる、または災害による病傷者が多く見込まれる中で、どう病院が受け入れることができるか、はなはだ疑問が多いものである。ましてや風水害や地震の規模によっては、病院自体も被災し、浸水、倒壊、停電、断水が発生する可能性があることは、これまでの災害で教えてくれている。

　「感染症」と「自然災害」とが複合した際の懸念については、筆者は相当早い段階から抱いていたが、2020年5月1日付で「防災学術連携体」からも、やっと国民に向けた緊急メッセージを発出している。

　また、京都大学防災研究所の調査によれば、2020年4月時点で、全国に372ヵ所ある感染症指定医療機関のうち、なんと34%の病院で大規模洪水が発生すると浸水するというデータを発表した。つまり医療崩壊に先駆けて機能不全に陥るかもしれないのだ。

　怖がり恐れることを嫌って、手を打たずにいるのではなく、この機会に大いに研究しつくすべきである。もちろん多くの被災者が自宅やマイカー等に留まり続けることで、避難所でのクラスター発生リスクは下げることができるが、別の二次災害リスクもある。結局、普段から、防災の基本である「自分の命は自分で守る」ことの徹底が、防疫の面からも言えるのではないか。避難の在り方も多様性が叫ばれよう。

　風水害対策、家の耐震化、確実な備蓄品準備等がより一層重要となりそうである。家庭用シェルターの需要が伸びるかもしれない。

さいごに

グレタさんが訴えたこと

　2019年9月、米国ニューヨークで行われた国連の温暖化対策サミットの場で、各国の首脳陣を前に、涙を流して「裏切るなら絶対に許さない」と訴えた、スウェーデンの16歳少女、ミス・グレタのスピーチは、ニュースでずいぶん取りあげられ報道されたので、知っている読者は多いと思う。

　グレタさんは、以下のことを強く訴えた。

> 「(略) 人々は苦しんでいます。人々は死んでいます。生態系は崩壊しつつあります。私たちは、大量絶滅の始まりにいるのです。なのに、あなた方が話すことは、お金のことや、永遠に続く経済成長というおとぎ話ばかり。よく、そんなことが言えますね。(略) 今後10年で (温室効果ガスの) 排出量を半分にしようという、一般的な考え方があります。しかし、それによって世界の気温上昇を1.5度以内に抑えられる可能性は50%しかありません。(略) 私たちにとって、50%のリスクというのは決して受け入れられません。その結果と生きていかなくてはいけないのは私たちなのです。(略) 今の放出のレベルのままでは、あと8年半たたないうちに許容できる二酸化炭素の放出量を超えてしまいます。(略) 未来の世代の目は、あなた方に向けられています。(略)」

　同じ年の12月にもスペインで開催されたCOP25で、グレタさんは、温暖化対策を求める世界中の若者の運動に対して「希望はあなたたちにあります。変化を起こしましょう」と呼びかけ、「気候変動の危機はいまだ権力を持つ人たちから無視されている」と、温暖化対策に消極的な各国の首脳陣、経営者たちを強く非難している。

※グレタさんは2020年1月、個人の名前の商業目的利用を避けるために商標登録申請しているが、ここでは筆者自身の自然環境に対する考えを示すために、あえてグレタさん自らの演説について引用させていただいた。

　地球はすでに元に戻らないと断言している学者もいる。よって、予想だにしない気象異変は今後も避けられないであろうし、甚大な災害をもたらす恐れは非常に高い。

　徳仁天皇陛下が、学生時代から「水」の研究をずっとお続けになられていることは有名な話である。天皇陛下ご自身も、昨今の自然災害には大きな関心とともにたいへん危惧されており、2018年3月にブラジルで行われた「世界水フォーラム」の基調講演において、「近年頻発する水災害はその遠因に気候変動があるのです」として「我々が、今十分な対策を講じなければ、等比級数的に被害が激化していくことが懸念されます」と述べておられる。一部お言葉を抜粋させていただきたい。

> 「(略) 水を通じた地球上の絶妙な熱バランスが、人々の生活と繁栄を維持していることに、皆さんはもうお気づきのことと思います。しかしながら、このバランスは現在脅かされています。何が原因でしょうか。それは、地球の温暖化と気候変動です。その影響が真っ先に感じられるのが、異常な降雨や洪水、干ばつに起因する水災害です。ドイツ、米国、日本における豪雨頻度の経年変化を表したグラフを見ると、近年、豪雨の頻度が増加していることがわかります。気候変動シミュレーションによる二酸化炭素の濃度と地球規模での降雨強度の変化を表した図には、二酸化炭素の濃度が増加した場合、より狭い区域で豪雨が現れる予測結果が示されています。水災害は一見、地域や河川ごとに起こるローカルな問題にも見えます。しかし、科学的な分析によれば、近年頻発する水災害はその遠因に気候変動があるのです。我々が、今十分な対策を講じなければ、等比級数的に被害が激化していくことが懸念されます。水災害により、私たちの先代が重ねてきた発展のための努力の成果が、わずか数日で、場合によっては数時間で消し飛んでしまいます。こうした地球規模で発生する自然の脅威に対抗するため、国際社会は結束して対処していく必要があります。(略)」

　急速に進む地球温暖化は、間違いなく自然災害に直結している。筆者もこのことを改めて強く訴えたい。

巨大地震は、必ず再び発生するし、50年に一度の規模という風水害は、毎年起きる

　前述したが、「自分のところは大丈夫」とか「まぁ、そうそう起きることはなかろう」と思うのは、もうやめることである。

　発生確率は、確実に高まっている。だから、「今、危険」「今、起きる」と考えて準備する。行動する。たとえ、空振りに終わっても、である。

　冒頭に述べた岩手県釜石市は、"未来のあなたへ"として「10のメッセージ」を発している。その中のひとつにこんなメッセージがある。

　「100回逃げて、100回来なくても、101回目も必ず逃げてください」

　津波に限らず、地震に限らず、自然災害のすべてに対して、こう言えるのではなかろうか。何度も何度も空振りでも、何度も何度も逃げること。

全国の営業マンが防災や感染症予防の知識に強くなってくれたなら

　全国には個別に個人宅や個々の企業を訪ねる営業マンがいったい何人いるのだろう。筆者はある時ふと思った。ひとりひとりの営業マンが、訪ねた家や会社の「災害に対する弱い点」を見てあげて、ハザードマップやニュースで仕入れたさまざまな知識で、雑談ででも、「防災・減災」「感染症予防」に向けた情報をフェイスツーフェイスで語ってくれたなら、互いに生き残るための知恵が膨らむのではなかろうかと。

　で、ひとりひとりの営業マンが、商売としてではなく、「防災・減災」「感染症予防」のための正しい知識を普及してくれたなら、どんなに地域の防災知見が高まるか。

　ならば、多くの企業のトップは、営業マンに「正しい防災、感染症予防知見で顧客を救え」と指示を発してくれないかと。多くの営業マンが、防災知見・知識に長けた時、それが叶い、多くの命が救われるのではないだろうか。

企業は、「防災・減災」「感染症予防」のためにできる地域貢献をもっと考えよ

上記で述べた「全営業マン防災、感染症予防支援活動」の他にも、企業が社会貢献できることは多数あるのではないだろうか。たとえば、①広報誌等を使った「防災・減災」「感染症予防」対策の継続的広報、②「防災・減災」「感染症予防」に係る催事（イベント）の継続的・積極的開催、③来客者や一般顧客を巻き込んだ訓練、④過去の災害やその教訓のパネル社内外展示、⑤株主への「防災・減災」「感染症予防」に関する積極的コミットメント、等である。

被災したなら、対応記録を残せ

東日本大震災の半年後ほど、確か宮城県仙台市の企業であったと思うが、審査で出向いた中で、大震災後の対応状況を確認していたところ、良い事例に出会えた。

地震発生後、落ち着いてきて日常を取り戻してきた段階で、本社を含めた合同での「対応反省会」を開いて、震災当日から1週間ほどの間の対応状況を、各自の動きの聞き取りとともに言い合って、つぶさに「どういうように動いたか」「どんな点は良かったか」「どんな点は反省して次に備えるか」を時系列でたどり、写真付きですべて記録として残していたのである。

手間のかかった反省会、時系列での記録を、なぜ残したのか聞いたところ、次の時のノウハウとなる、当社としての他の拠点への伝承にもなる、とのことであった。もちろん筆者が良好な事例として観察コメントしたのは言うまでもない。

災害で被災した際の対応記録は、通常の記録保管期間とは分けて、別途特別の保管期間を定め、保管場所もデジタル保管を含めて分けると良い。災害対応記録は、永い将来に向けて検証及び伝承の記録として扱うことを期待したい。

「新型コロナウイルス感染症」後を見据えたソーシャルディスタンス文化の熟成を！

　ソーシャルディスタンスという言葉は、新型コロナウイルス感染症予防対策として初めて耳にした人が多いと思う。日本語では「社会的距離確保」等と訳される。昨今では、人的距離の確保として、フィジカルディスタンスと呼ぶ向きもある。

　Wikipediaでは、ソーシャルディスタンスについて「医薬品を使わない感染抑制のための手段である。社会距離を置く目的は、感染症のある人と感染していない人との接触の可能性を減らし、病気の伝染、罹患率、そして最終的には死亡率を最小限にすることである」としている。

　合言葉として、その推進のためにさまざまに言われ、"大切に思うから今は離れよう"、"また会いたいから今は会わない"等あり、メディアを通じて呼びかけている。

　「2メートルの距離をとる」という直接的な対人距離の他に、関連した予防策として、①定期的に換気する、②密閉・密集・密接を避ける、③不要不急の外出を自粛する、④手洗い・うがい・消毒を徹底する、⑤マスクを着用する等の行動が推奨されている。

　わが日本人は、どんな時でも整然と列をつくり列に並び、礼儀正しい人種であると賞賛されてきた。またマスクや手洗いの習慣では、諸外国に比して多くの国民に根付いていたと言われているが、これからはさらなるこの行動の習慣を文化として熟成させていくことが期待される。

　接客業においては、お客様と一定の距離を保つことが"新しいおもてなし"であるということの文化形成も必要かもしれない。たとえば、飲食店業では、壁面に向けた配席や間隔をあけたテーブル配置、宿泊業では、できる限り接客やお客様通しの接触を控えた宿泊プランの作成、さらにはドライブスルー型サービスの拡充や、マイカーのままで入場し回遊して楽しむテーマパークや水族館、動植物園、劇場観覧等、サービス提供の抜本的見直しも必要かもしれない。

　企業としても、「すべての従業員への継続的な啓蒙を図り、生活習慣化させること」が大いに望まれよう。

「新しい生活様式」の実践例

（1）一人ひとりの基本的感染対策

感染防止の3つの基本：①身体的距離の確保、②マスクの着用、③手洗い
- 人との間隔は、できるだけ2m（最低1m）空ける。
- 遊びにいくなら屋内より屋外を選ぶ。
- 会話をする際は、可能な限り真正面を避ける。
- 外出時、屋内にいるときや会話をするときは、症状がなくてもマスクを着用
- 家に帰ったらまず手や顔を洗う。できるだけすぐに着替える、シャワーを浴びる。
- 手洗いは30秒程度かけて水と石けんで丁寧に洗う〔手指消毒薬の使用も可〕

※ 高齢者や持病のあるような重症化リスクの高い人と会う際には、体調管理をより厳重にする。

移動に関する感染対策
- 感染が流行している地域からの移動、感染が流行している地域への移動は控える。
- 帰省や旅行はひかえめに。出張はやむを得ない場合に。
- 発症したときのため、誰とどこで会ったかをメモにする。
- 地域の感染状況に注意する。

（2）日常生活を営む上での基本的生活様式

- まめに手洗い・手指消毒　□ 咳エチケットの徹底　□ こまめに換気
- 身体的距離の確保　□ 「3密」の回避（密集、密接、密閉）
- 毎朝で体温測定、健康チェック。発熱又は風邪の症状がある場合はムリせず自宅で療養

外出控え　　集集回避　　密接回避　　密閉回避　　換気　　咳エチケット　　手洗い

（3）日常生活の各場面別の生活様式

買い物
- 通販も利用
- 1人または少人数ですいた時間に
- 電子決済の利用
- 計画をたてて素早く済ます
- サンプルなど展示品への接触は控えめに
- レジに並ぶときは、前後にスペース

娯楽、スポーツ等
- 公園はすいた時間、場所を選ぶ
- 筋トレやヨガは自宅で動画を活用
- ジョギングは少人数で
- すれ違うときは距離をとるマナー
- 予約制を利用してゆったりと
- 狭い部屋での長居は無用
- 歌や応援は、十分な距離かオンライン

公共交通機関の利用
- 会話は控えめに
- 混んでいる時間帯は避けて
- 徒歩や自転車利用も併用する

食事
- 持ち帰りや出前、デリバリーも
- 屋外空間で気持ちよく
- 大皿は避けて、料理は個々に
- 対面ではなく横並びで座ろう
- 料理に集中、おしゃべりは控えめに
- お酌、グラスやお猪口の回し飲みは避けて

冠婚葬祭などの親族行事
- 多人数での会食は避けて
- 発熱や風邪の症状がある場合は参加しない

（4）働き方の新しいスタイル

- テレワークやローテーション勤務　□ 時差通勤でゆったりと　□ オフィスはひろびろと
- 会議はオンライン　□ 名刺交換はオンライン　□ 対面での打合せは換気とマスク

出典：厚生労働省ホームページ

参考

　感染予防の知見は、すでに歴史に残っているこれまでの「感染症」との闘いの中で育まれてきている。我が国では江戸時代後期1858年ごろに、コレラによる感染症が広まり、各地で多くの感染者、死者を出している。当時は、民衆の間で“コロリ”と呼ばれて恐れられた。人々は換気に努め、近所との接触を避け、食べ物に注意し自宅に閉じこもってひたすら感染が落ち着くのを待ったようだ。医療技術の差こそあれ、人と人とが接触しないという基本的な感染防止策は時代を超えても変わらない。歴史を学び直すことである。

"「新型コロナウイルス感染症」パンデミックが起こる前に戻れたら" を徹底研究する

東日本大震災の項で「一日前プロジェクト」について述べた。一日前だったら何ができただろうかを考えることが、今後の「防災・減災」に繋がると言う。

「新型コロナウイルス感染症」でも同じことが言えるかもしれない。パンデミック前に戻れたら、一般人は、企業は、経営者は、都道府県や国は何をすべきだったか…。真剣に深堀して研究することである。それが必ず次のその時に活きるはずである。失敗を活かすこと、まさしく失敗学の徹底である。

新型コロナウイルス感染症が終息しないなかで、新たに豚から人へ感染する新型インフルエンザが広がっているとの中国の発表もある。

これからの感染症や、自然災害を決して甘く見てはいけない。

さいごの最後にいくつかの明るい話題を

中小企業は底力がある

神戸新聞社が、地元のみなと銀行による調査結果として 2019 年 12 月 25 日付で報道した内容によれば、「阪神・淡路で被災の中小企業、4 割が当時から業績拡大、被災しなかった企業を上回る」というもので、「災害のダメージをばねに地域経済の復興を支えてきた中小企業の底力がうかがえる結果となった」としている。

売上高の伸び	震災当時	現在		
		100%（同程度）	伸び率130%	伸び率200%
被災した企業	100%	23%	28%	14%
被災しなかった企業	100%	20%	17%	8%

神戸新聞社報道に基づき作成

人間は、考えて対策を打てる動物である。まずは、その日その時を待ってしまうのではなく、いつ訪れても大丈夫といった状況に限りなく近づいておくことが肝要である。そして、その日その時が来ても、従業員ひとりひとりが生き延びて、また社屋に集まって、事業再構築、再出発し、新たな製品、サービスや新たな販路、新たな取引先との調整等も地道に行ないながら、継続、推進させていくことである。「近隣のすべてを喪失しても、自社は立ち上がる」。近隣の企業みんながそうなれば最高である。

災害救助も AI が変えてくれるかもしれない

2020 年 1 月 17 日の産経新聞に、「阪神大震災 25 年　災害救助、AI で変わる　SNS 分析…素早く把握」という記事だ。

記事によれば、「災害発生時に被災者がツイッターなど SNS に寄せる投稿を AI（人工知能）などで分析し、迅速な情報収集や、救助や避難などに役立てる取り組みが進んでいる」という。

各家庭、各企業が対策を確実にとれば、被害想定もグッと下がる

たとえば、「首都直下地震」て言えば、
・建物倒壊による死者数、全壊数は、耐震化率 90％で 5 割減らせ、100％で 9 割減らせるというデータが公表されている。
・火災による焼失棟数、死者数は、感電ブレーカー等設置で 5 割減らせ、初期消火成功率向上で 9 割減らせるというデータが公表されている。

リスク対応策はすでにいろいろなデータとなって公表されている

たとえば、内閣府防災担当から発行されている「平成 29 年度企業の事業継続及び防災の取組に関する調査」にある "災害リスクへの対応アンケート結果" では、過去の失敗に学んだ、または独自工夫した対応策が多数紹介されている。

国土交通省内に、防災統括のプロジェクトが始動

2020 年 1 月 21 日付で、国土交通省内総合政策局に、「総力戦で挑む防災・

減災プロジェクト～いのちとくらしをまもる防災減災～」を立上げ、これまでの「南海トラフ巨大地震・首都直下地震対策本部」「水災害に関する防災・減災対策本部」を発展的統合し「国土交通省防災・減災対策本部」として動き始めることが発表された。省を挙げて抜本的かつ総合的な対策を確立するという。

治療薬や抗体検査試薬、診断薬、ワクチン続々開発、治験、承認へ

　世界的大流行の中で治療薬がなく、ましてやワクチンはまったく未知数の「新型コロナウイルス感染症」であったが、さまざまな企業や研究機関等、国内外で研究が進み、2020年5月時点で我が国においても複数の治療薬が開発され、または治験や海外データをもって承認され使われ、一定の効果が表れつつある。さらに水面下でも、さらなる治療薬やワクチンが進展しつつあるようだ。スピードある手続きもあって、やがては本ウイルスに打ち勝つ日が来るに違いない。

新しい生活様式に対応した開発製品も続々登場！

　前述したドアノブ付属品とは別に、「空中タッチパネル」といった非接触型装置も登場した。また「衛生状態監視表示機」や「店舗混雑状況表示機」等、さまざまな開発がなされ登場してきている。企業の開発力の底力を見るようである。

　「感染症」というリスクに対して、機会が与えられている。どのような業種であろうとアイデアを出し続けたい。キーワードは「非接触」「非接近」「非対面」「非応対」「分散」である。あらゆるビジネス、そして職場や居宅のレイアウトさえも、このキーワードを考慮した仕様、設計になっていくであろう。

　筆者は、経済学には詳しくないが、命よりも大事なものはないと常に思っている。そう教わってきた。子孫にもそう教えたい。人々が、そして企業や行政がいろいろな知恵をもって準備を進め、さらに情報技術の進展や災害時の救出技術や感染症医療技術が進展し、失うものが格段に減るこ

とが筆者の強い思いである。そう信じたい。

　今回のコロナ禍においてリスクを負いながらも、たいへんな業務に従事し続けられている"医療従事者"、"保健所関係者"、"ゴミ収集担当者"、"介護・スーパーマーケット従事者"等に敬意を表し、筆をおく。

　　　　2020年8月（在宅勤務中の千葉の自宅にて）　　仲川　久史

参考文献／出典資料元：（一部文中に示した文献、資料は除く）

JIS Q 9001: 2015（ISO 9001: 2015）品質マネジメントシステム—要求事項

JIS Q 14001: 2015（ISO 14001: 2015）環境マネジメントシステム—要求事項及び利用の手引

JIS Q 14004: 2016（ISO 14004: 2016）環境マネジメントシステム—実施の一般指針

JIS Q 27001: 2014（ISO/IEC 27001: 2013）情報技術—セキュリティ技術—情報セキュリティマネジメントシステム—要求事項

JIS Q 45001: 2018（ISO 45001: 2018）労働安全衛生マネジメントシステム—要求事項及び利用の手引

ISO 39001: 2012 英和対訳版 道路交通安全（RTS）マネジメントシステム—要求事項及び利用の手引

ISO 22000: 2018 英和対訳版 食品安全マネジメントシステム—フードチェーンのあらゆる組織に対する要求事項

ISO 20121: 2012 英和対訳版 イベント持続可能性マネジメントシステム—要求事項と利用手引

JIS Q 22301: 2013（ISO 22301: 2012）社会セキュリティ—事業継続マネジメントシステム—要求事項

JIS Q 22320: 2013（ISO 22320: 2011）社会セキュリティ—緊急事態管理—危機対応に関する要求事項

JIS Q 22398: 2014（ISO 22398: 2013）社会セキュリティ—演習の指針

JIS Q 15001: 2017 個人情報保護マネジメントシステム—要求事項

ISO/IEC 専門業務用指針　第1部　総合版 ISO 補足指針— ISO 専門手順　第10版

IAF ID3: 2011「認定機関、適合性評価機関及び認証された組織に影響を及ぼす非常事態又は特殊な状況の管理に関する IAF 参考文書」

認定特定非営利活動法人日本防災士機構ホームページ

防災士教本第2版第3刷　認定特定非営利活動法人日本防災士機構

特定非営利活動法人日本防災士会平成26年10月作成「防災啓発活動マニュアル」

防災介助士資格取得講座テキスト《防災編》第2版　公益財団法人日本ケアフィット共育機構

一般財団法人日本防火・防災協会「防災管理講習テキスト」平成31年3月発行

一般財団法人防災安全協会ホームページ

一般財団法人消防防災科学センター発行「季刊消防防災の科学」

内閣府防災担当　平成25年8月改訂「事業継続ガイドライン」

同　平成27年3月発行「大規模地震の発生に伴う帰宅困難者対策のガイドライン」

内閣府防災情報のページ

内閣府「我が国における自然災害と災害対策」

同　防災教育チャレンジプラン実行委員会平成27年3月発行「地域における防災教育の実践に関する手引き」

内閣府政策統括官（防災担当）「災害法体系について」

2018.9「立法と調査」No.404　西田玄著「災害対策関係法律をめぐる最近の動向と課題」

国土交通省ホームページ

「復興まちづくりのための事前準備ガイドライン」国土交通省

関東地方整備局常陸河川国道事務所防災課　正木涼氏著「実践的な防災訓練」

経済産業省中小企業庁　平成24年「中小企業BCP策定運用指針第2版」

同　平成30年11月「中小企業の防災・減災対策に関する現状と課題について」

環境省ホームページ

環境省2019年3月発行「民間企業の気候変動適応ガイド」

内閣官房国土強靱化推進室ホームページ

同　平成30年改定「国土強靱化貢献団体の認証に関するガイドライン」

国土強靱化推進本部「国土強靱化政策大綱」

中小企業庁「中小企業の防災・減災対策に関する現状と課題について」

中小企業強靱化研究会中間取りまとめ

防災・減災対策の高度化と事業継承の円滑化等に向けた対応「経済産業委員会調査室」

総務省消防庁ホームページ、「eカレッジ一般コース」つくり方」

同　国民保護室、国民保護運用室平成30年10月「避難実施要領パターンの東京都　平成25年1月発行「東京都帰宅困難者対策ハンドブック」

同　「みんなの防災ガイドブック」

九都県市地震防災・危機管理対策部会平成26年2月改訂「災害時帰宅支援ステーション事業者用ハンドブック」

高知県「机上型事業継続訓練マニュアル」

静岡県ホームページ

同　静岡県地震防災センター「災害図上訓練DIG」

特定非営利活動法人日本危機管理士機構ホームページ

一般社団法人教育システム支援機構日本防災管理協会ホームページ

一般財団法人大阪建築防災センター「みんなで備える防災」

日本消防協会「命を守る地域防災力の強化」

Wikipedia「ウィキペディア（フリー百科事典）」

株式会社東京商工リサーチ　各種調査報告資料

株式会社帝国データバンク　各種調査報告資料

日本経済新聞記事

朝日新聞記事

読売新聞記事

毎日新聞記事

産経新聞記事

東京新聞記事

神戸新聞記事

関東管区行政評価局ホームページ／平成 30 年 12 月「国の出先機関等の施設における救命活動に関する調査結果報告書」

損保ジャパンホームページ

同　平成 29 年「自治体の災害時活動費用を対象とする保険商品の開発」

富士火災ホームページ

CBS 中日防災ステーションホームページ

東京海上日動リスクコンサルティング株式会社 2018 年 3 月「残念な BCP とこれからの BCP」

同　「リスクマネジメント最前線」各号

NHK スペシャル〜体感 首都直下地震 2019 年 12 月放送

NTT 東日本ホームページ

KDDI「企業が対応すべき IT を活用した災害対策ハンドブック」

土木学会論文集 F4（建設マネジメント）、Vol.71, No.4「基礎自治体における災害マネジメントシステムの構築—防災・減災から災害マネジメントへの転換—」

災害対策基本法、災害救助法、気候変動適応法

㈱日本政策投資銀行ホームページ

同　「DBJ BCM 格付融資のご紹介」「DBJ BCM 格付融資について」

使える・学べる・深化する　机上型事業継続訓練マニュアル「高知県」

「釜石市防災市民憲章について」釜石市総務企画部総合政策課震災検証室

「釜石の奇跡」Public Relations Office

「釜石からのメッセージ」釜石市

岩手県釜石市「未来の命を守るために—釜石からのメッセージ—」

令和元年度釜石市立釜石東中学校 1 学年「自分たちが考える 10 コのアイテム」

岡田　斎氏著「日本における事業継続計画（BCP）普及の現状と課題」

中村譲治氏、原田賢治氏共著「企業の社会的責任（CSR）の側面からみた企業の地域防災への取り組みに関する調査」

国際連合広報センターホームページ

首相官邸内 SDGs 推進本部「拡大版 SDGs アクションプラン 2019」

一般社団法人日本経済団体連合会「企業行動憲章」2017 年 11 月 8 日改訂版

国連防災世界会議「災害に強い国・コミュニティの構築：兵庫行動枠組 2005-2015 骨子」
　　外務省

国連防災世界会議「仙台防災枠組 2015-2030（仮訳）」外務省

JDF（日本障害フォーラム）ホームページ

障害保健福祉研究情報システムホームページ

災害時要援護者の避難支援に関する検討会「災害時要援護者の避難支援ガイドライン」

ナショナル・インシデント・マネジメント・システム（NIMS）概要　一般社団法人レ
　　ジリエンス協会　リスクマネジメント TODAY 2014 May

「防災マネジメントによる企業価値向上に向けて」日本政策投資銀行

「企業行動憲章」一般社団法人日本経済団体連合会

「大規模自然災害に企業はどう備える？2016 年熊本地震の事例」福岡企業リスク研究会

「平成 29 年度企業の事業継続及び防災の取組に関する実態調査」内閣府防災担当

「職場の地震対策─事業所防災計画があなたを守る─」東京消防庁

株式会社東京商工リサーチホームページ

株式会社帝国データバンクホームページ

SDGs コンパス「SDGs の企業行動指針」GRI 他

「大規模自然災害の被災地における感染制御マネジメントの手引き」日本環境感染学会

「避難所における衛生管理ガイドライン」川崎市健康福祉局

「大規模災害と感染症」東北大学総合感染症学　賀来満夫氏

「避難所における感染対策マニュアル」東北大学大学院

「避難所における感染対策マニュアル」新型インフルエンザ等の院内感染制御に関する
　　研究研究班

「第 14 回グローバルリスク報告書」ワールドエコノミックフォーラム

「産業保健 21」2017.1 第 82 号

「新型コロナウイルス感染症 BCP ガイドライン」シンガポール共和国

2020 年東京オリンピック・パラリンピック競技大会組織委員会ホームページ

「改正新型インフルエンザ等対策特別措置法」

「感染症法改正について」厚生労働省健康局

「新型コロナウイルス感染症患者に対する積極的疫学調査実施要領」

「災害対策～中小企業のための災害対応の手引き」東京商工会議所

「職場における新型コロナウイルス感染症への感染予防、健康管理の強化について」厚
　　生労働省

「避難所等における新型コロナウイルス感染症対策の参考リンク集」公益財団法人　市民
　　防災研究所

「避難に関する提言」日本災害情報学会長　片田敏孝氏

「福祉避難所開設での感染を防ぐためのゾーニング」人と防災未来センター　木作尚子氏

「避難所開設での感染を防ぐための事前準備チェックリスト　ver.2」人と防災未来センター　髙岡誠子氏

「新型コロナウイルス避難生活お役立ちサポートブック」全国災害ボランティア支援団体ネットワーク

著者略歴

仲川 久史

1957 年　神奈川県生まれ
1977 年　小田急ホテルチェーン
1983 年　平安閣グループ
1992 年　㈲ソフトウェーブジャパンを設立。ホテルコンサルタント、ホテル学校講師、コンビニエンスストア経営を手掛ける。
2005 年　（一財）日本科学技術連盟 ISO 審査登録センター　品質審査室勤務
2007 年　同　品質審査室長
2010 年　同　品質・環境審査室長
2013 年　同　審査室統括次長
現在　　同　特別嘱託　品質管理学会正会員、日本危機管理防災学会会員、品質（JRCA）環境（JRCA）労働安全衛生（JUSE）道路交通安全（JUSE）各主任審査員、運行管理者、日本防災士会所属防災士、防災介助士、災害備蓄管理士、マネジメントシステム審査実績多数。著書に『経営につなげる ISO 活動の極意』（2011 年日科技連出版社）『ISO 39001 道路交通安全マネジメントシステムの背景と規格解説』（2013 年共著日科技連出版社）『2015 年版 ISO 9001/14001 対応　経営目的を達成するための ISO マネジメントシステム活用法』（2016 年共著日科技連出版社）がある。

2020 年 9 月 1 日　第 1 刷発行

企業防災とマネジメントシステム

Ⓒ著 者　仲　川　久　史
発行者　脇　坂　康　弘

発行所　株式 同友館
　　　　会社

〒113-0033　東京都文京区本郷 3-38-1
TEL. 03 (3813) 3966
FAX. 03 (3818) 2774
https://www.doyukan.co.jp/

乱丁・落丁本はお取り替えいたします。
ISBN 978-4-496-05493-8

三美印刷／松村製本所
Printed in Japan